我国财政支农问题
分析及对策研究

李冬梅 著

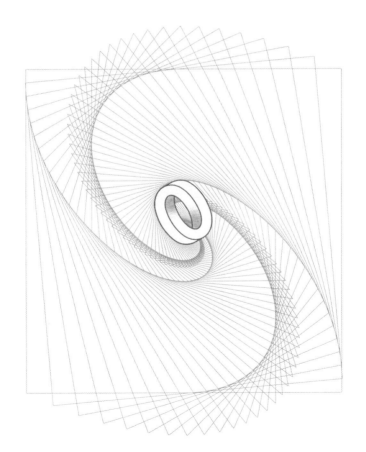

中国财经出版传媒集团
经济科学出版社
Economic Science Press
·北京·

图书在版编目（CIP）数据

我国财政支农问题分析及对策研究/李冬梅著．－－
北京：经济科学出版社，2023.9
ISBN 978 - 7 - 5218 - 5225 - 7

Ⅰ．①我…　Ⅱ．①李…　Ⅲ．①财政支农 - 财政政策 -
研究 - 中国　Ⅳ．①F812.8

中国国家版本馆 CIP 数据核字（2023）第 189391 号

责任编辑：李　雪
责任校对：易　超
责任印制：邱　天

我国财政支农问题分析及对策研究
李冬梅　著
经济科学出版社出版、发行　新华书店经销
社址：北京市海淀区阜成路甲 28 号　邮编：100142
总编部电话：010 - 88191217　发行部电话：010 - 88191522
网址：www. esp. com. cn
电子邮箱：esp@ esp. com. cn
天猫网店：经济科学出版社旗舰店
网址：http://jjkxcbs. tmall. com
北京时捷印刷有限公司印装
710 × 1000　16 开　11 印张　120000 字
2023 年 9 月第 1 版　2023 年 9 月第 1 次印刷
ISBN 978 - 7 - 5218 - 5225 - 7　定价：48.00 元
（图书出现印装问题，本社负责调换。电话：010 - 88191545）
（版权所有　侵权必究　打击盗版　举报热线：010 - 88191661
QQ：2242791300　营销中心电话：010 - 88191537
电子邮箱：dbts@ esp. com. cn）

前　言

　　农业因其面临的自然与市场双重风险，而具有天然弱质性，在市场的自由竞争和资源的优化配置中处于弱势地位。正是源于农业的基础性地位和弱质性特点，世界各国政府无不特别关注农业的发展，在涉农领域中发挥宏观调控作用。其中，利用财政手段弥补农业的市场失灵、提升农业人口收入水平、实现农业发展的可持续性，是市场经济环境下政府常用的政策手段。财政支农政策能否满足农业和农民的需求、能否调动农民的生产积极性、能否使农业的基础性地位得到保障、能否使财政支农的规模和结构更加合理，都直接影响着财政对农业市场失灵弥补效果的实现。

　　2003年，我国政府提出"统筹城乡发展"的方略，把"三农"问题作为全党工作的重中之重，我国财政支农政策开始发生战略性的转变。之后政府又提出了"城市支持乡村、工业反哺农业"的方针以及促进城乡一体化发展的体制机制，2018 年，中共中央、国务院提出了"乡村振兴战略"系列部署，将财政支农政策目标推向新的高度。从 2004 年开始至今，中央连续 20 年颁布的"一号文件"都以农业、农村、农民为主题，充分彰显了农业在我国国民经济发展中的重要地位和国家支持农业发展的坚定决心。加大财政对农业发展的支持力度，从多方面增强农业实力、繁荣农村经济和促进农民增收，这是解决"三农"问题的实质和核心，也是广大农民的迫切需求。研究分析财政支农的政策背景、取得的成效、存在的问题和不足，进而提出未来发展的相关政策建议，无疑具有理论意义和现实必要性。

李冬梅

2023 年 8 月

目　录

第一章

与本书研究内容
相关的文献综述

第一节
国外相关研究综述

一、关于财政支农必要性的研究

亚当·斯密（Adam Smith，1776）在《国富论》一书中认为，农业在社会经济中处于基础性地位，农业比工业更能推动经济的快速发展，他主张农村优先于城市发展；生产性劳动数量会随着对农业领域投入的增加而增加，土地、劳动和国民财富的增加值则会相应提高。此外，亚当·斯密还认为农业投资所产生的价值在所有产业投资中是最大的，政府有必要加强对农业和农村发展的财政支持力度。西奥多·舒尔茨（Theodore W. Schultz, 1964）主张随着社会经济的深入发展，应该推进农业现代化，改造农业传统落后的发展方式，这样才能进一步促进经济持续发展，政府在此过程中需加大力度扶持农村的教育、科研、人力资本以及基础设施的建设。黄、罗泽尔（Huang and Rozelle, 2002）在生产函数中引入了农村科研存量这一指标，他们发现科研投入对农业和农村的发展有着显著作用，但是由于边际报酬递减规律的存在和生态承载力的有限，在经济成本和生态成本不断攀升的情况下，政府应探索合适的财政支农方式来促进农业的可持续发展。蔡永阳、安拉·格鲁布、托马斯·赫特尔（Yongyang Cai, Alla A. Golub and Thomas W. Hertel, 2017）认同农业科研的重要性，指出提高农业生产力的关键是增加研发支出，同时，他们认为人口因素对最优研发支出路径起着主导作用。因此，面对未来的不确定性，必须加大农业研究支出。但是，由于生产力的提高存在着滞后效应，且面对未来人口、收入和气候变化等不确定性因素，最优的研发支出路径是在人口最多的时期增加研发支出直到 21 世纪中叶。速水佑次郎、弗农·拉坦（Yujiro Speedshui and Vernon Latan, 1985）在《农业发展的国际分析》一书中的研究表明，技术投入和人力资本的差异较好地解释了各国农业生产率差异，进而提出欠发达国家要提高农业生产增长速度，必须要将一部分生产能力用来为农业部门提供技术投入，改善农村基础教育，培养农业技术急需的科技人员，进行土地开发投资等。盖尔·约翰逊（Gail Johnson，1994）在《经济发展中的农业、农村、农民问题》一书中也指出，在农业与农村发展过程中政府必须发挥必不可少的作用，政府需要不断增加涉农公共产品的提供。

20世纪前后，一些学者在先前理论的基础上，进一步阐述了财政支农的必要性。拉里·卡普（Larry Karp，2007）建立了二元经济发展模型，认为现代政府部门会在农业发展达到规模报酬的临界点时继续发挥推进经济发展的作用。彼得·蒂默（Peter Timmer，2005）通过发展中国家与西方发达国家的对比，研究得出发展中国家之所以贫穷落后，很大程度上是因为农业生产条件的恶劣和相应的农业生产力水平的低下，所以为了改变这一局面，政府必须重视在农业领域发挥主导作用，在推进农业农村发展中发挥更为积极的作用。松山纪纪（Kiminori Matsuyama，1990）通过具体研究表明，财政在农业方面的投资效益明显高于其他领域的投资效益。理查德·博德（Richard Bird，2008）认为中国财政之所以在20世纪中期取得较高的支出效益，缘于财政将大量资金投向了基层和贫困地区，从而带动了社会资金的不断投入，加强和完善了农村基础设施建设。随着经济环境的变化，农民的需求也在改变，财政支农的方式方法也应与时俱进。穆姆塔兹·阿里·巴洛赫、戈帕尔·巴哈杜尔·塔帕（Mumtaz Ali

Baloch and Gopal Bahadur Thapa，2016）以巴基斯坦政府为提高俾路支省椰枣产量实施农业推广服务的政策实施情况为例，采用调查问卷的方法进行分析，得到获得推广服务的小型农户要比大中型农户产量更高，但是调查显示椰枣生产者中只有一半人使用了推广服务，不仅是因为农业推广人员数量有限，还因为负责农业推广的工作人员未经培训、缺乏实践经验，不能有效解决农民在生产中遇到的实际问题和需求。因此，政府农业部门需要更为充分地发挥作用，招募一些更有经验的推广人员，并为这些人员提供基于实地的实践培训，以提升他们的技术知识。

亚历山大·法泽卡斯（Sándor Fazekas，2010）提出欧洲应该加快一体化进程，并制定强有力的共同农业政策，农业的主要任务是确保粮食供应的安全，这一目标的实现需要政府适当的财政支持。如果没有适当水平的政府补贴，许多农场将被迫停止生产。S. 西伯、T. S. 阿姆贾特－巴布、T. 杨松（S. Sieber，T. S. Amjath－Babu and T. Jansson，2013）运用可持续性影响评估工具（SIAT），评价政府宏观政策对土地使用情况的影响状况，以及土地使用变化对农业可持续发展的影响。模型结果显示，政府政策的直接支持能减少耕地面积，增加林地面积和自然植被覆盖率，引导环境友好型经济发展方式。这有利于增加农业经济总产值、优化资源配置、降低失业率和减少对环境有害的杀虫剂的使用。威尔弗里德·莱格（Wilfrid Legg，

2017）认为农业严重依赖于自然资源，并对环境和生物多样性产生重大影响。政府应将相互支持的经济和环境政策结合起来，以刺激经济增长和减少资源压力。因此，政府需要收集有关外部性的成本和收益的相关数据，制定有针对性的政策和长期发展战略，这有助于解决全球范围内的农业问题和环境问题。

二、关于财政支农经济效应的研究

格里尔·图洛克（Grier Tullok，1989）认为，财政支出占 GDP 比重越高，GDP 的水平反而越低，所以财政支出规模应选择适度的偏小的。但是，财政支出结构必须合理，更多用于支持弱势产业的发展。巴罗（Barro，1991）通过实证研究发现，财政公共支出对经济增长具有正相关关系，财政对涉农公共产品投入越多，农业经济增长速度会越快。松山纪纪（Kiminori Matsuyama，1992）通过分析比较财政对农业不同方向的投入所获得的效益，得出合理的支农支出结构，以及财政支农的最优规模。帕迪（Pardey，1997）通过对 1965～1993 年的数据分析发现，在农业产出增长过程中农业科技投资的作用非常重要。罗泽尔和罗斯格兰特（Rozelle and Rosegrant，1999）以中国为研究对象，实证分析中国财政支农支出结构的经济效应，结果显示财政对农业科技的投入、农田水利设施的投入、农民教育的投入能有效提高农业总产量，增强中国农业在国际上的竞争力。常（Chang，2001）以政治经济转型过程中地方政府财政自主权不断增强的波兰、斯洛伐克等部分东欧国家为研究对象发现，财政支农支出对经济增长的影响不能一概而论。首先，财政支农支出的增加有可能会提高农业发展速度，从而使得城镇化的进程有所放缓；其次，财政支农支出的增加也可能促进农业产出的增长。因此，对于财政支农支出的经济效应要辩证地看待。他认为财政对农业的支出有两面性的作用，一方面，财政支持农业发展会导致城镇化率增长缓慢，拖延城市化的进程；另一方面，财政对农业的支出能够增加农业总产值，促进经济增长，优化产业结构。贝克佐德·沙姆西耶夫、伊恩·舒克尔（Bekzod Shamsiev and Iain Shuker，2006）分析了俄罗斯如何通过提高公共财政投资对农业和农村地区产生影响。得出的结论是：在经济发展中期，俄罗斯应将关注重点放在研究政策干预框架及效应上，而不能仅仅关注公共支出水平。理查德·伯德（Richard Bird，2008）等认为，在 21 世纪初中国的财政改革中，最有代表性的政策举措是将较多的资金投资到基层特别是贫困地区。他指出，这种行为会引发一系列效应，最后，更多的资金将流入到农业生产领域，可以改善农业基础设施，促进农业发展。

三、关于财政支农支出效率的研究

财政支农支出的效率研究源于公共支出领域的绩效评价，国外学者对财政支农支出的效率研究主要集中于对财政支农支出与经济增长关系的研究。伯曼和王晓华（Berman and Wang，2000）以超过五万人的县域为研究对象，主要研究县域级的农业问题。研究发现，对政府财政支农支出的效率评价应从财政支农的投入和农业产出的增长两个角度来展开。在财政支农支出与农业增长的关系上，不同学者通过研究得出了不同的结论。有学者认为财政支农支出对经济增长的影响不是简单地促进或抑制，要综合分析。也有部分学者认为财政支农支出显著促进了农业产出的增长，增加了农民收入，提高了农业的发展水平。罗伊等（Roy et al.，2002）以印度邦级层面数据为研究对象，对农业公共投资和农业补贴二者的边际效益进行比较分析。研究发现，农业公共投资的边际效益高于农业补贴的边际效益，但是农业补贴对私人投资和农业生产率也有着较强的促进作用。施赖夫·侯赛因（Md. Shraif Hossain，2010）运用 LM 检验和格兰杰 F 检验，分析了孟加拉国 30 年的数据，得出结论，他认为农业产出效率的提高对增加政府的补贴有促进作用，但农业产出的增加并不主要是政府补贴引起的。范胜根、张晓波（Shenggen Fan and Xiaobo

Zhang，2004）对中国农村公共财政问题进行了研究，他们将不同种类的政府投资对于区域不平等的贡献分解开来，得到的结论是：政府投资对于农业与非农业部分的产出效率的提高都具有重大贡献，但对于区域不平等性的贡献则取决于不同的区域。其中，对于西部地区的农业投资，不论其投资类型，都对减少区域经济不平等有着显著的作用。拉蒙娜·拉普特斯、阿德里安娜·弗洛里纳·波帕（Ramona Laptes and Adriana Florina Popa.，2014）提出，在欧盟的预算中有相当一部分用于农业，也正是因为欧盟的财政支持，罗马尼亚的农业效率才得以提升。约内尔（Ionel M. Jitea，2014）提出，2013 年以后，共同农业政策将面临重大改革，这将极大地影响农业生产环境。作者基于这种政策措施的先验分析，建立了一种适应罗马尼亚农业系统的递归单周期模型，应用于欧洲的农业政策。拉马库玛（Ramakumar，2012）以 1950～2000 年的数据为研究对象，对印度农业公共投资的效应进行了具体分析。研究发现，财政对农业的支出具有显著的减贫作用。但是，印度政府财政支农支出增长速度缓慢，要更好地发挥政府财政支农支出对农业发展的促进作用，需要加大财政支农的投入力度，同时也要不断提高财政支农支出的效率。具体而言，印度应该在地面灌溉项目、农业科技推广、农村信贷等方面加大投资力度，以便更好地促进农业发展、增加农民收入，降低农村贫困率。此外，也有部分学者认为财政支农政策效率比较低下。如艾伦森（Allanson，2006）以苏格兰为例，基于基尼系数绝对值的变化，分析了政府支农政策的再分配效应。研究结果表明，将政府财政支农政策作为一种再分配工具，效率十分低下，并没有发挥出财政支农应有的效益。

四、关于财政支农支出效率影响因素的研究

国外学者关于财政支农支出效率的影响因素方面的研究成果相对较少，主要是关于公共支出外部监督等方面的研究。索伊德等（Soyder et al.，1992）通过研究发现，监督可以显著提高财政支农支出的效率水平。对财政支农支出的监督主要包括四部分：过程控制、会计控制、现金控制和采购控制。因此，可以通过加强对这四个部分的监督来促进财政支农支出效率水平的提高。博尔赫等（Borge et al.，2008）通过对挪威地方政府公共支出效率水平的实证分析，发现公众参与度的提高能够显著促进公共支出效率水平的提升。

五、关于财政支农对农村建设影响的研究

国外有关财政支农政策对农村建设的影响研究，主要从财政支农对农村经济的影响、对农村居民消费的影响等

层面进行探究。迪奥萨瓦斯（Dieosavvas，2002）基于对欧盟、日本和美国生产者支出等值（PSE）指标和乌拉圭农业协议（URAA）的综合支出量指标进行了测度的研究，对三农业支出政策调整的进度进行了比较分析。奥尔加（Olga，2002）使用类似的方法，对立陶宛、保加利亚、拉脱维亚、爱沙尼亚、罗马尼亚、俄罗斯和斯洛文尼亚 7 个国家的生产者支出等值指标和消费者支出等值指标进行了全方位的计算，通过分析生产性支出和消费性支出的等价指数，了解农业市场扭曲的大小及其对消费者和纳税人的影响。安杰洛普洛斯、菲利普·波普洛斯和齐奥纳斯（Angelopoulos，Philip popoulos and Tsionas，2008）通过分析 1980～2000 年间来自 64 个国家的数据，通过计算输入和输出的方式进行计算各国对财政支出绩效，结果表明，财政支出规模与经济增长很大程度上是不规则的，因此对农村建设的影响也是不规则的。德瓦拉詹（Devarajan，1996）使用面板模型，对 1970～1990 年的数据研究政府财政支出结构对农村经济建设的具体影响。米什拉、埃尔奥斯塔等（Mishra and El－Osta et al.，2009）分析了 9 个主要农业地区的公共支出与农民收入差距的数据，结果表明，政府对农业的支出可以减少区域间农民之间的收入差距。比奇·R N（Beachy R N，2014）对农村建设和发展投资的高回报率之间的关系进行研究，认为需要重新配置研究资金和技术转移机制，认为需要在教育和研究机

构中进行重大的组织、管理和运营变革。戈拉尔·J
(Góral J, 2016) 考察了波兰农村建设差异, 证实了农业
政策对农民的生产结构和决策产生了重大影响, 财政支持
对农村的灵活管理也有影响的假设。迪布罗娃 A、迪布罗
娃 L (Dibrova A and Dibrova L, 2009) 的研究表明, 乌克
兰财政资源对农业支持的倾斜并没有对农业产量等建设指
标产生实质性的影响, 借此分析了乌克兰农业内部支持机
制的不完善之处, 指出农业生产的供需不平衡、居民消费
能力低、缺乏有效的国内支持机制, 导致国内粮食市场价
格出现了若干问题, 也影响了财政支出对农村建设的正向
效应。

六、关于财政支农对农业发展及农民增收的影响
研究

巴罗 (Barro, 1990) 通过构建模型分析财政支农支
出与农业增长之间的关系时, 得到财政支农支出促进了农
业的增长, 且两者遵循着倒 "U" 型的发展路径, 存在着
一个最优的财政支农支出规模使得农业产量达到最大值的
结论。克鲁兹等 (Cruz et al., 2014) 利用葡萄牙政府的
相关数据, 采用 TOBIT 等绩效评估模型, 研究财政支农对
农业发展的影响因素。施赖夫·侯赛因 (Md. Shraif Hos-
sain, 2010) 运用了格兰杰因果检验和协整, 分析研究了

孟加拉国的时间序列数据，发现财政对农业的补贴并不能促进农业经济的增长，而农业经济的增长反过来会促使财政补贴的大量增加。可见，财政支农政策没有发挥事先预想的效果。科斯特（Koester，2000）则提出由于在经济欠发达国家，金融市场体系不够成熟完善，制约了财政对农业和农村支持资金的优化配置。

海林克（Heerink，2006）以江西省的两个村庄为例，运用了一般均衡模型（CGE），得出财政对农民的转移支付和取消农业税的政策并不能使粮食产量得到提高的结论。而詹森·H. G. G. 等（Jensen. H. G. G. et al.，2009）则通过研究，认为增加财政补贴和取消农业税可以提高粮食产量、增加农民收入。孟磊（Lei Meng，2012）也提出财政补贴政策的实施可以提高农民生产粮食的积极性，使农业生产水平显著上升，从而增加农民的收入，降低了进城务工的可能性。范胜根等（Fan et al.，2010）认为，财政支农支出在很多方面起着积极的推动作用。例如，拉动农业经济增长、促进非农产业发展、减轻农村贫困程度等方面，文章对印度 1970～1993 年的数据进行分析，得出财政支农支出确实可以改善农业生产、减轻农村的贫困程度，尤其财政对科研、道路的投入要比在灌溉和水土保持上的投入发挥更大的效益。在财政对农村的减贫效应方面，吕克·克里斯蒂安森、莱昂内尔·德梅里、杰斯珀·库尔（Luc Christiaensen，Lionel Demery and Jesper Kuhl，

2011)、伊桑·利贡、伊丽莎白·萨杜莱特（Ethan Ligon and Elisabeth Sadoulet，2016）都进行了相关研究，前者认为农业在减少最贫穷人口中的贫困方面显得更有效，一个部门对减贫的贡献取决于贫困人口参与该部门的程度和该部门在经济中的整体规模等。后者也得到了类似的结论，在通过不平衡面板数据集对不同类别国家估计农业增长对支出分配的相对收益时，得出在收入分配的中间范围，农业增长对国内生产总值增长影响要比非农业活动的影响大 3～4 倍，且农业对 GDP 的增长惠及贫困家庭而不是富裕家庭，尤其最穷国家的最穷家庭受益最多。当然，也有学者的研究得出了不一样的结论。洛伊特霍尔德（Leuthold，1969）通过建立回归模型观察得出，财政支农支出和农场净收益随着时间日益集中，支农政策无法有效缓解农民的贫困状况，甚至会使收入分配不公程度加剧。马斯特斯（Masters，1994）通过研究津巴布韦 20 世纪 80 年代财政支农的情况，得出农业政策的实施使富裕阶层攫取了大量农产品收益，收入分配严重不公，贫困的农民无法继续增加对农业的投资，从而贫困程度恶化，形成恶性循环。罗默（Roman，2005）从宏观和微观两个角度入手，研究美国财政支农政策改革在 WTO 框架下对农民收入的影响。宏观上，财政对农业的支持在整体上促进了农民收入的增加；但是从微观层面看，收入大部分来源于农业的农民的福利受到了损失。罗宾逊（Robinson，1965）分析美国的农业支持项目时，发现虽然支援项目提高了农民的收入，但是却使收入分配越发不公平，究其原因可能是技术进步导致了生产过度集中。

第二节
国内文献研究综述

一、关于财政支农重要性的研究

1992 年，中国共产党第十四次全国代表大会胜利召开，这次大会在党的历史上第一次明确提出了建立社会主义市场经济体制的目标模式。把社会主义基本制度和市场经济结合起来，建立社会主义市场经济体制，这是我们党的一个伟大创举。这次代表大会的主要任务是，认真总结十一届三中全会以来 14 年的实践经验，确定今后一个时期的战略部署。在这样的背景下，对农业进行财政支持必要性的研究也随之受到广泛的关注。夏清明（2000）指出，我国已经进入工业反哺农业的新时期，并分析得出了对农业进行财政支持的必要性。鲁德银、雷海章（2002）从农业生产的特殊性出发，指出财政支农是对农业低比较收益的弥补和保持农业可持续发展的唯一选择，我国应根据不同农产品比较优势建立相应财政支农体系。陈立双、张谛（2002）对 1980 年至 1999 年中国财政农业支出与农业生产之间的关系进行了分析，分析结果表明，财政农业支出对农业总产值的影响弹性系数为 0.97，考虑到其他因素，这一数据似乎有些偏高，但仍说明财政对农业投资作用的不可替代性。财政部农业司通过考察分析阿根廷、韩国、以色列、德国、美国等发达国家财政农业支持政策、支持方式，提出对我国农业支持的启示；通过考察意大利、希腊的农业财政政策，提出环境效益、社会经济和经济效益相统一和依靠政策、依靠科技、依靠投入、依靠制度创新的结论；通过对英国、意大利两国政府的农业补贴政策的分析，得出我国应大胆借鉴发达国家的成熟经验，进一步加大农业补贴力度，改进农业补贴政策，创新农业补贴方式，努力提高农业补贴效果的政策建议。李焕彰、钱忠好（2004）结合 1986～2000 年的数据，分析了支农资金和产出的关系。通过建立生产函数，得出二者是相互促进关系的结论。随着支农资金的增加，农业产出量也在不断提高，同时，后者的提高也增强了政府支农投入的积极性。何平均（2006）论述了公共财政弥补农业领域场失灵的必要性，认为我国当时的农业补贴政策还远远不能满足农业现代化、农产品商品化及构建社会主义新农村的需要。胥巍、曹正勇、傅新红（2008），对我国东部及西部地区财政支农支出和农业经济增长的关系进行了协整分析，认为东部财政支农支出政策从长期来看更高效；西部地区无论在较长时间还是在较短的时间范围内，支农支出对农业发展的推动作用都很明显。即在较长时间内，在东部和西部地区，二者确实存在均衡关系。刘宏杰（2008）分析了我国第一产业增加值和支农支出的关系。他认为财政支农支出对我国农村地区的经济具有明显的带动作用。叶翠青（2008）指出，实施家庭承包经营责任制后，农户成为农业投资的主体，财政支农支出占财政预算的比重呈相对下降趋势，但就市场经济中农业的基础地位和农业产业的特殊性来看，财政支农资金仍将是我国农业投资的最主要力量。

二、关于财政支农支出规模的研究

尽管我国政府始终重视农业的发展，但是具体到财政支农规模问题上，很多学者认为财政对农业支持不够，财政支农支出规模偏小，并据此建议政府应大幅度扩大财政支农支出规模。侯石安（2001）认为，中国财政支农支出占农业 GDP 的比重一直在 4% 左右，即使与许多发展中国家相比，这一数据也偏低，对农业进行支持的提升空间还很大。陈池波（2003）、黄小舟、王红玲（2005）等用农业投资占全社会投资总额的比重与农业 GDP 占社会总产值的比重之比作为衡量财政支农支出规模是否合理的标准，对我国农业支出的规模进行分析和比较，认为我国目前财政支农支出规模偏小，投资总量不足，而且还一度出现了下降的趋势，认为我国当时的农业财政投资不足，应进一步加强。沈淑霞、秦富（2004）认为，我国农业支出绝对规模不断上升，但相对规模却在逐年下降，导致支出效率有下降的趋势，也可理解为农业支出并未达到最优规模，有待进一步增加支出规模。陈锡文（2005）对宽口径的中国政府财政支农情况进行了考察，认为政府财政支农支出存在投入总量不足、结构不合理、管理体制不完善的一系列问题，认为政府对农村社会发展方面的投入远远不够。刘汉屏、汪柱旺（2006）对1950年至2003年我国农业财政支出情况分析后指出，农业投入的平均增长速度大于农业增加值的增速，但就财政支农支出占财政总支出的比重、国家农业投入与农业增加值比重来看，我国财政支农资金的数量明显不足。

三、关于财政支农支出绩效评价体系的研究

侯石安（2004）提出，要以提高农民收入水平、粮食产量、农业科技发展水平、生态文明建设程度为目标，为评价财政支农支出效率指标的选择提供了借鉴。崔元锋、严立冬（2005）认为，财政支农可以借鉴"企业化"模式来进行绩效评价，将政府部门假设为企业，运用企业的绩效管理方法对财政支农绩效进行评价，即用平衡计分卡

法对财政支农项目绩效管理进行探讨。陈明星、李铜山（2007）认为，财政支出效率对社会主义新农村建设至关重要性，并为提高财政支出效率提供了衡量标准。殷筱琳、雷良海（2010）根据农业支出的长期目标将财政支农支出划分为支持农村建设、促进农村发展、农业产业化三个部分，然后构建了经济性指标、效力性指标和效率性指标。通过改良后的功效系数法，将指标的相关数据无量纲化处理，继而又用层次分析法对各指标赋予相应的权重，最后通过计算我国当年各省市财政支农支出项目的得分，并将得分进行等级划分和绩效评价。李正彪、文峰（2009）通过梳理我国财政支农绩效的研究成果，认为我国财政支农支出对粮食产量以及农业总产值的作用效果不大，对农民的收入增长起到的影响力也不够，主要原因还是财政支农支出总规模较小，财政支出结构不合理，资金投向也有问题。李祥云（2010）提出对农业的绩效评价不仅要考虑投入与产出的效率，还要从管理效率的角度去评价。为此，他利用二次相对效益模型，对 2007～2008 年中国各省份财政支农支出的基期效率和当期效率进行了评估。王胜（2010）基于分级财政的视角，对 1993～2007 年全国各地方财政支农支出绩效进行了评价，发现中国整体上各省份以及东中西三个地区财政支农支出效率都呈下降趋势，资金使用不合理。此外，城镇化率是影响东中西三个地区财政支农支出效率的主要因素，而农民受教育程度、农业机械总动力等因素只对个别地区有影响力。蒋海勇、杨清源、李顺明（2014）基于农民增收的视角，对广西壮族自治区支农支出绩效提出改进建议，其内容包括直接产出和间接产出、农民的主要利益相关者、社会福利的改进程度和公众满意度等。厉伟、姜玲、华坚（2014）提出了要从经济效应、社会效应、生态效应三个角度构建评价指标分析评价财政支农支出效率，利用三阶段 DEA 模型分析 2007～2011 年我国 26 个省（区）财政支农支出效率。实证结果显示，我国财政支农效率一直是上升趋势，样本期间内的平均值是 0.872。杜辉（2017）提出财政支农最重要的就是投入和产出效率，他通过农民收入提高、农业生产稳定、农村社会进步这三个层面构建财政支农支出绩效评价体系指标。

四、关于财政支农政策经济效应的研究

（一）关于财政支农政策总体经济效应的研究

张海燕、邓刚（2012）对农业进行协整检验结果表明，农业财政支出总规模是一个长期的稳定平衡，对四川省国内生产总值的误差修正模型的实证分析表明，农业 GDP 增长弹性系数达到 0.784。李晓嘉（2012）根据我国 1978～2009 年省际动态面板数据，估计农业 TFP 在 28 个

省份的变化。研究结果表明，自 1978 年以来，中国政府对农业的支出增加了不同性质的经济支出，比社会支出和转移性支出对 TFP 的影响更大。此外，不同支出对全要素生产率的影响也存在较大差异。孟志兴、孟会生等（2012）以山西省为例，运用柯布－道格拉斯生产函数模型，选取了 1980～2009 年山西省农业经济和金融数据，实证分析政策支持对山西农业发展的经济效应（包括增长效应和收入效应），提出了支持农村和经济欠发达地区的财政政策建议，以促进新农村建设的快速发展。

（二）对财政支农的正效应的研究验证

很多学者的研究结果显示，我国财政支农支出对农业经济有显著正相关的影响，财政支农支出具有正向的经济效应。何振国（2006）根据 Barro 法则，运用 OLS 对 1990～2002 年我国农业生产总值、农村固定资产总额以及财政支农支出进行模型估计，得出当财政支农支出数额占农业生产总值的 47.2% 时，财政支农支出达到了最优规模。此时，财政支农的边际成本和边际收益相等，资源配置实现了帕累托最优。魏朗（2007）利用 C－D 生产函数对 1999～2003 年我国财政支农支出和经济增长之间的关系进行研究。实证分析结果显示，农业经济增长的 30% 贡献率来源于财政支农支出，所以财政对农业经济的正向影响是非常显著的。尤其是农业优势地区即经济欠发达地区，急需政府加大财政科技投入，提高农民受教育水平。黄新建、王勇（2010）利用1978～2008年江西省的有关数据，通过协整检验和误差修正模型对江西省财政支农支出与经济增长之间的关系进行实证研究。结果表明，江西省的财政支农支出对农业经济增长具有正效应，财政支农支出结构，即财政投入的具体方向与农业GDP有很大关系。在财政各项目中，支援农村生产支出对农业增长的正向效应尤为明显。赵璐、吕杰（2011）选取1949～2008年，我国31个省市的财政支农支出、农业总产值以及农、林、牧、渔各自行业产值的面板数据，建立固定效应模型评价我国财政支农支出效率。结果发现，我国农业发达地区即中西部地区，财政支农资金使用效率高于农业欠发达地区即东部地区。也就是说，财政支农资金需要更多地投入资金缺乏地区，充分发挥财政对农业的扶持作用。李燕凌、欧阳万福（2011）运用CCR模型评价2004～2006年湖南省14个市以及所属县市的财政支农支出效率，然后构建Tobit模型分析县乡的财政支农效率影响因素。结果表明，湖南省各市县财政支农效率都比较高。对于财政支农效率较高的市所属县乡政府而言，乡机械平均动力、距县城距离、农民平均年龄对财政支农效率有显著影响；对财政支农效率一般的市所属县乡政府而言，城市化水平与财政支农效率有显著影响；对财政支农效率较低的市所属县乡政府而言，农民人均收入对财政支农效率有显著影响。余海鹏、范晔（2012）利用 1952～2002 年的有关数据，运用最小二乘法对财政支农支出效率和影响效应进行实证研究。结果表明，财政支农支出对农林牧渔总产值有着正面影响，尤其是支援农村生产支出、农林水利气象等部门的事业费支出，对农业总产值的正面作用最大，贡献度较小的是农业基本建设支出和农业科技三项费用。周红梅、李明贤（2016）以 2008～2013 年湖南省各地级市的面板数据为样本，采用数据包络分析法，测算湖南省以及各地级市财政支农支出效率。结果表明，整体而言，湖南省财政支农支出效率高，研究的期间内湖南省综合效率都是在 0.8 以上，且有逐年递增的趋势，但从市级层面来看，地域差异很明显，湘中和湘东等发达地区财政支农纯技术效率较高，湘西等相对落后地区，财政支农技术效率和规模效率都比较低。

（三）认为财政支农效率欠佳的学术观点

一些学者利用财政支农支出相关数据构建模型，实证结果显示财政支农支出对农业发展水平的影响没有达到预期，支农支出效率低下。许楠（2010）以 1995～2010 年河北省的相关数据为样本，通过建立数据包络分析法中的 CCR 模型，对财政支出效率进行实证研究，发现河北省仅有四年财政支农支出有效，其余年份财政支农支出效率都不容乐观，而且财政支农效率总体波动太大，具有一定的时滞性，没有可预测的趋势。杨伯坚（2012）利用2004～2008年中国省级面板数据，首先运用BBC模型和CCR模型测算财政支农支出静态效率，然后运用Malmquist指数模型测算动态效率。结果显示，纯技术效率值除河南省、河北省外，大部分省份数值都是小于1，更有省份低于0.5，说明财政资金使用不合理，管理机制存在缺陷，技术不够创新；规模效率值大部分省份都低于1，并且趋于下降，说明财政投入不足。最后，作者运用Tobit模型回归分析效率影响因素，结果表明，农业经营规模大小、水利设施建设完善程度、土壤受污染状况对财政支农支出效率有显著影响。李琳（2013）通过1978～2010年我国财政支农支出的面板数据，运用数据包络分析法测算了这一期间内我国财政支农支出效率。结果表明，在研究的33年内，支农支出综合效率和规模效率仅有8年是有效的，说明财政支出效率低是因为规模效率过低。而根本原因还是我国农业基础薄弱，对政府的依赖性强，农业总产值的变动和财政支农总额有着很大的关系。江洋、孟枫平（2015）根据我国财政支农资金管理现状以及存在的问题，选取1970～2006年的有关数据，通过Eviews计量软件对财政主要支农资金使用效率进行测算，结果表明，我国财政支农资金投入量大，但是投入管理效率不高，难以形成规模效应。作者认为，应该构建财政支农资金整合指标，加快对财政资金的整合，以此提高资金使用效率。李思靓、于磊、薛宝颖、郭丽华（2016）根据河北省财政支农资金总体现状，选取 2004～2013 年相关数据，利用 SPSS 软件测算河北省财政支农资金对农业经济的影响程度。分析结果表明，财政支农资金总量不足，投入方向不合理，对农业经济增长、农民收入增加的作用不明显。曹俊勇、张乐柱（2017）在供给侧结构性改革的背景下，选用 1990～2013 年的时间数据，以我国财政支农资金的年份为 DMU，通过 CCR 模型测算历年的财政支农资金使用效率，并进行比较。结果发现，在样本年期间，DEA 有效的年份仅有 11 年，不到一半，而且我国财政资金使用效率总体上呈下降趋势。说明，一方面我国财政支农资金投入规模偏小，2013 年，我国人均财政支农资金仅有 2120 元，这与农业发展需求不匹配；另一方面财政资金没有充分发挥资本功能，大部分资金被挥霍，真正流入扶持对象手中的资金并不多。

五、关于财政支农支出效率影响因素的研究

国内很多学者在研究财政支农支出效率水平的基础上，也十分关注影响财政支农支出效率水平的外部因素。目前，已有相关文献研究表明，城市化水平、农村地理位置、固定资产投资，农户的年龄、性别等因素，都会对财政支农支出的效率水平产生影响。李燕凌（2008）采用截

面数据，对湖南省14个市（州）财政支农支出效率及其影响因素进行分析。研究发现，投入产出模式不是决定财政支农支出效率水平的唯一因素，城市化水平、距县城的距离等外部因素也会对财政支农支出的效率产生一定影响。提高财政支农支出效率，既要优化财政支农支出结构、减少效率损失，又要改善农村公共品供求的外部条件，最大化财政支农的效益。王胜（2010）运用DEA方法对分税制以来我国地方政府财政支农效率及其外部影响因素进行了实证分析。研究发现，就财政支农支出效率的影响因素而言，城镇化率对于全国和东部、中部、西部三个地区均有显著影响，对于中部地区贡献度最大；而农户固定资产投资、农业机械装机总动力以及劳动力文化程度只对特定地区影响显著。厉伟、姜玲等（2014）首先构建了比较系统的财政支农支出效率评价指标体系，具体包含对经济效应、社会效应和生态效应的衡量，之后运用三阶段DEA模型对我国大陆地区26个省（区）2007~2011年的财政支农支出的效率进行分析。研究表明，农村劳动力文化素质和农村经济发展水平对财政支农支出的效率有显著的正向影响；而农村基础设施状况对财政支农支出的效率有显著的负向影响。张兴荣（2015）运用1994~2012年的数据对山东省17个地市财政支农支出效率的影响因素进行分析。研究发现，农村经济发展水平、农业机械总动力和城镇化率对山东省财政支农支出的效率水平具有显著的负向影响；而化肥使用量和财政自给度对山东省财政支农支出的效率水平具有显著的正向影响。陈鸣、周发明（2017）运用 1997～2014 年中国省级面板数据，在考虑制度环境这个外部影响因素的前提下，研究财政支农支出对促进农民减贫增收的作用。研究表明，财政支农支出对促进农民减贫增收具有显著的正向影响，但财政支农支出对农民减贫增收作用的发挥受到各地区具体制度环境的制约。因此，提出要使财政支农支出发挥出更大的效应不仅要加大财政支农力度，更要改善制度环境，加快落后地区的市场化进程。

六、关于财政支农方式创新的研究

从制度创新的角度对新农村建设中的金融创新研究较多，对农业的财政支持方式的创新研究，通常作为新农村建设系统工程的子模块来进行。整个创新系统包括构建研究财政补贴机制、财政投入机制来创新财政支农方式，并进行金融监管机制创新、金融服务模式创新等加以辅助。

（一）有关财政支农模式创新的研究

财政支农模式创新主要从财政支农方式、融资模式、监管模式等方面进行探究。例如，许悦、许能锐（2015）

从互联网创新思维角度入手，主张充分利用互联网信息平台，做到信息公正；充分利用互联网免费平台做到社会各阶层广泛参与；充分利用互联网的大数据及时创新整改财政支农方式。刘龙泉（2013）建议，构建财政支农预算制度措施"十项制度"框架和财政支农项目管理体系。

（二）有关财政支农政策创新的研究

谭静、王会川、葛小南（2014）等基本都认为我国传统的农业、农村发展模式将进入又一个"破冰期"，也预示着现代农业发展的"黄金期"和"活跃期"。在这种背景下，其研究集中于农业财政补贴调整，促进政府强农政策作用的发挥。朱新武、雷霆（2006）从建设社会主义新农村的角度，分析了当前财政支农政策存在的问题和不足，并就如何创新财政支农政策提出了一些有益的建议。

（三）有关财政支农机制创新的研究

江维国、李立清（2014）指出，我国财政支出结构的分权，缺乏稳定的偏好，有效互动不足。未来，需要增加财政支出以支持农业倾斜，消除各种行政补偿，开展农业预算专项服务一体化的金融和财政支持，提高农业补贴的财政支持，构建一个好的安全系统的联动机制。邓智华

（2012）探讨了现代高效的青海省生态农业的发展方式的创新机制，实现农民和的农业发展方式转变。曹军辉、刘智勇（2011）利用四川省合江县合江镇三江省级新农村建设示范片的典型案例，强调信任、沟通、重建农村公共服务网络的治理主体的治理结构和治理机制，优先绩效评价。

七、关于财政支出总量对农民消费和收入影响的研究

胡东兰、田侃、夏杰长（2013）运用 1978～2010 年的时间序列数据，实证分析了中国的财政支农支出对农业和农村居民消费的影响。实证结果表明，中国的财政支出对于支持农业、农村居民消费有一定的影响，但是效果不明显，而且对农村居民消费的影响具有一定的滞后性。提高农村居民收入，扩大农村消费市场的规模，需要政府优化农业的财政支出结构，完善农村社会保障体系。党夏宁、黄雯（2015）通过咸阳县（区）从 2000～2012 年的数据进行回归，从财政收入和财政支出之间的相关变量对农民收入的影响提出相应的政策建议。

国内学者对于在全国范围内财政支农支出可以促进农民收入增长基本达成共识：刘宏杰、李素娜（2009）选取了我国 1978～2007 年的数据，运用 VAR 模型分析得到我

国财政支农支出显著地正向带动农民人均纯收入增长的结论。李普亮、贾卫丽（2010）通过分析中央和地方在1978～2006年财政支农支出对农民收入的影响，得出虽然从短期来看二者的关系并不显著，但是从长期来看则有显著的正向影响的结论。黄寿峰（2016）对1997～2013年我国30个省的数据作空间面板分位数模型进行分析，提出对我国财政支农结构、优化财政支农方式等政策建议。

张瑞德、蔡承智（2011）以贵州省为例，选取了1983～2008年的数据，运用了格兰杰因果检验法，得出财政支农支出是农民收入增长的格兰杰原因，并且如果使农民收入增加1%，财政支农支出需增加1.62%。谢其力木格（2014）以内蒙古为例，通过协整分析得到从改革开放至2012年，内蒙古农民收入与财政支农支出之间存在正向相关关系，相关系数达到0.48。章鹏（2015）选取安徽省1988～2012年的数据进行协整分析和建立误差修正模型，得到安徽省财政支农支出与农民收入之间存在长期稳定的均衡关系，且财政支农支出显著拉动农民实现了增收。赵艳选（2012）也以河南省为例，建立了误差修正模型进行分析，认为无论从长期还是短期来看，河南省财政支农支出对农民增收的影响效应都是显著的。薛令熙、邵法焕（2009）通过对广西1982～2007年的数据建立以广义道格拉斯为基础的弹性模型，分析得出，农民收入增加对财政支农支出是富有弹性的，且财政支农支出每增加1元，农民则增收 1.66 元。史建华（2012）以重庆市为研究对象，建立了从 1981～2010 年的时间序列模型，发现财政支农支出长期、稳定地推动着农民收入的增加。张强、张映芹（2015）以新经济增长和新经济地理增长理论为基础，利用县际面板数据模型分析了陕西省 1981～2013 年多维要素对农民收入增长的影响效应，发现其中财政支农的正向促进效应最为显著，成为影响农民人均纯收入增长的重要因素。

但是也有少数学者持有不同观点，认为财政支农支出并不能显著促进农民收入的增加。杨灿明、郭慧芳、孙群力（2007）在对影响农民收入增加的多个因素进行分析时，得到财政支农中的农业科技三项费用和基本建设支出并没有起到促进农民收入增加的作用，且作用为负的论断。崔姹、孙文生、李建平（2011）在研究河北省 1978～2008 年财政支农支出和农业贷款与农民收入的关系时，得出了财政支农支出对农民增收无显著影响的结论。孙致陆、肖海峰（2013）利用省级面板数据模型，分析我国地方财政支农支出对农民收入的影响效应时，指出地方财政支农支出所能发挥的作用是有限的，理由是财政支农资金使用效率的低下使支农效用的发挥受到了制约。

八、关于财政支农支出结构对农民收入影响的研究

（一）从全国层面研究财政支农支出结构对农民收入增长的影响

黄小舟、王红玲（2005）认为，财政支农支出促进了对农民收入的增长，但是我国依然存在着财政支农投入规模不足、财政支农支出结构不够合理的问题。钟德仁、刘朝由（2011）提出，加大财政支农资金的投入力度，重点优化财政支农支出结构的政策建议，以便从根本上解决"三农"问题。李焕彰、钱忠好（2004）发现，在我国财政农业支出项目中，科技三项费用的边际产出效应最高，基本建设支出次之，支援农村生产支出和事业费最低。赵霞、穆月英（2009）利用1998～2006年相关数据运用灰色关联度分析得出，我国财政支农支出与农民人均纯收入的关联程度，其中科技三项费用与农民增收关联度最高，关联度值为0.82；其次是农村基本建设支出，而关联度最弱的是农林水利气象部门事业费，关联度数值只有0.06。刘玉川（2010）分析了财政支农支出结构对我国农民收入的影响效应，由误差修正模型得出财政支农支出对我国农民实现增收确实具有重

要作用，但是各项支出对收入的影响程度是完全不同的
结论。王敏、潘勇辉（2007）也采用误差修正模型，分
析我国 1981～2005 年财政农业支出结构与农民人均纯收
入的关系。发现：从长期看，农村生产支出和农林水利
气象事业费对农民人均纯收入影响作用最大，之后依次
是农村基本建设支出以及农村救济费，而农业科技三项
费用对收入的拉动作用并不明显。

汪海洋、孟全省、亓红帅、唐柯（2014）选取了我国
1978～2010 年的财政支农数据，运用结构化向量自回归
模型（SVAR），分析了我国财政支农支出结构对农民收入
的动态影响。研究结论表明：财政支农各项支出对农民收
入增长效应具有显著不同的贡献度和影响力，提出增大农
业科技三项费用投入比例的政策建议。罗东、矫健（2014）
采用了 1978～2012 年的中央财政支农资金数据，以 2007
年为临界点，分别运用协整分析和似不相关回归模型
（SUR）测算财政支农各类资金对农民增收的关联度系数，
得出在 2007 年以前，支援农村生产支出和各项农业事业
费、科技三项费用都对农民人均纯收入有显著的正向影响
作用，而基本建设支出和其他支出则作用不明显；在 2007
年之后，财政支农资金各部分与农民收入均呈正相关的
判断。

（二）从省级层面研究地方财政支农支出结构对农民收入的影响

在研究省级地方财政支农支出结构对农民收入影响时，影响程度因省份具体情况而异：杨林娟、戴亨钊（2008）通过分析甘肃省1990～2005年的财政支农数据，得出财政对农业的投入规模每增加1%，农民人均纯收入就会平均增加148.8元的结论；并认为甘肃省财政农业支出项目对农民收入的贡献度顺序，依次是支援农业生产支出和农林水利气象部门事业费、农业基本建设支出、科技三项费用。朱林强、翁贞林（2011）认为，江西省如果加强财政支农各项目资金的使用管理，发挥有效资金的效用，如提高支援农村生产支出和其他费用支出的使用效率，财政支农支出则能更为有效地促进农民收入增加。苘晓颖、成涛林（2014）以江苏省2010～2012年为例，运用了个体固定效应面板模型分析财政支农支出结构对农民收入的增长效应，研究得出，财政对农业的总支出每增加1%，农民人均纯收入将增加0.61%；在财政对农业的总支出项目中，财政农业支出、综合改革开发支出对农民收入增长效应最大，其次为水利支出、林业支出和扶贫支出正向促进了农民收入增长，但作用不够显著。徐灿琳、钟永建、肖芳（2015）以四川省泸州市1998～2012年相关数据为研究对象，通过多元线性回归模型分析得出，财政支农有利于农民收入增长的结论。同时，以其农业大县泸县为代表，运用描述统计方法分析了财政支农结构对农民收入的影响，提出加大科研投入力度、降低农业事业费支出、加强对农民补贴的政策建议。

第二章

财政支农的相关理论

　　财政支农是指政府为了推动农业和农村经济可持续发展，促进农民生活水平不断提高，而设立专项财政资金，由政府对农业领域进行直接或间接的补助。一般来说，财政支农的方式有两种。一种方式是通过转移支付的方式扶持农业领域，另一种方式是通过税收优惠等政策引导农业发展。财政支农资金是农业生产水平提高、农村环境改善以及农民增收的坚实后盾和有力保障。从经济学理论层面分析，政府通过财政资金对农业生产、农民生活等进行扶持资助，也是有充分的理论依据的。

第一节
公共财政理论

　　由于市场固有的缺陷以及现实社会经济环境的不完美导致的市场失灵，需要政府的介入和宏观调控，纠正市场缺陷、弥补市场失灵，在此基础上形成了公共财政理论。公共财政是指政府为社会提供国防、教育、行政管理、基础设施建设、社会保障等公共物品和服务的经济行为，具有公共性、非营利性、平等性、法治性等特点。公共财政理论来源于西方财政理论，1776 年，亚当·斯密在其著作《国富论》中首次提出了公共财政理论思想，他崇尚市场这只"看不见的手"操纵社会的运行，人人为追求自身的利益而行动，最终产生的社会结果是所有人都获利。因此，亚当·斯密不主张政府对市场进行过多干预，认为最好的办法就是让市场完全自由，政府的职责就是维护秩序和抵抗侵略，也就是执行"守夜人"的职责，提倡"廉价政府"和"政府有限干预"理论。20 世纪 30 年代，爆发了席卷西方的广泛经济危机，给世界经济带来沉重打击，经济自由主义遭到质疑，最终凯恩斯的经济干预主义应运而生，占据了主流。凯恩斯认为，市场存在缺陷会导致市场调节机制失灵，需要政府的力量来弥补以保证市场正常运行。他提出的乘数理论也印证了政府财政支出的增加对于加速国民经济增长的重要作用。通过计算得出，投资乘数和边际储蓄倾向成反比，与边际消费倾向成正比。因此，在经济低迷和萧条时，通过执行扩张性的财政政策，利用财政投资扩大财政支出，可以刺激社会有效需求、提高投资乘数，拉动经济增长。

20 世纪 50 年代，美国财政专家理查德·马斯格雷夫认为，市场机制在现实社会中不能发挥所有经济功能，在其经典著作《公共财政理论》中，他认为政府具有维护经济稳定、调节收入分配，资源再配置的职能。所谓维护经济稳定职能，是指市场经济机制存在经济周期性特征，财政必须通过宏观调控来促进社会充分就业、维持物价的相对稳定、平衡国际收支、完善社会福利和社会保障制度等，使经济增长与人民生活相互促进。所谓调节收入分配职能，是指财政凭借国家权力收取税收再在全社会进行收入的再分配，实现社会分配的相对公平，收入分配的目标是实现公平分配，而公平分配包括经济公平和社会公平两个层次。经济公平是市场经济的内在要求，强调的是要素投入和要素收入相对称，它是在平等竞争的环境下由等价交换来实现的。社会公平是指将收入差距维持在现阶段社会各阶层居民所能接受的合理范围内。所谓资源再配置职能，即政府使用财政政策工具，运用有限的经济资源来促进地区形成产业结构、技术结构以及地区经济结构的优化，最终实现可持续发展。

当然，尽管公共财政具有众多职能，但是所有的学者也普遍认同财政政策不能完全代替市场机制，它只能作为市场经济调节机制的必要补充，在出现市场失灵时，及时对市场予以纠正，同时也要避免过多地干预市场经济而造成经济效率低下和资源浪费的情况。

基于农业的特殊性，因其具有天然的自然弱势性和比较利益较低经济弱势性，在没有形成规模经济的背景下，市场要么无法对其进行有效调节，要么市场主体不愿进入。在这种情况下，政府必须发挥主导作用，加大对农业的投入和支持力度，主要原因有三个。一是农业的公共产品属性会导致市场资源配置低效。农业为人类的生存发展提供必备的粮食，关系到社会的稳定。同时，农业在国民经济发展中处于基础性地位，只有农业的生产率提高才有剩余产品可供工业、服务业等其他产业的持续发展。此外，农业基础设施、科研支持、江河治理等都是具有非排他性和非竞争性的公共产品，具有较强的非排他性和非竞争性。面对这样的公共产品属性，市场是无法实现资源有效配置的，政府的介入就显得尤为必要。二是农业的外部性无法通过市场机制有效调节。农业发展不仅仅具有经济效益，还会产生巨大的社会效益和生态效益，但是由于农产品的比较利益较低，这些外部效益通常无法在市场中通过价格实现有效补偿。森林、草原等资源在生产产品的同时也具有调节气候、涵养水源、防沙治沙、保持水土等功能，而这些正外部性无法通过市场机制实现对农户个人收益的补偿。当然，农业也有负外部性，土地的过度开垦导致肥力下降，对森林的乱砍滥伐，在草原上的过度放牧，草场退化、沙化问题严重，这些问题所造成的生态破坏也无法通过市场机制进行纠正。这些外部性就要求政府及时介入，发挥宏观调控作用，加大对农村教育、农业基础设施建设、农民社会保障等方面的投入，满足农业发展需要，为农村发展提供坚实基础。同时，加大力度治理和保护农村生态环境，重视农村农业，通过增加财政支农支出促进农民收入增加，提高生活水平，缩小城乡发展差距。著名经济学家马斯格雷夫和罗斯托都主张政府应增加对农业和农村的投资，不断完善农村教育、社会保障体系以及水利等农业基础设施的建设。三是，农业生产面临的双重风险要求政府部门必须加强对这一产业的扶持。所谓"双重风险"，其一是自然风险，是指农业始终是一个"靠天吃饭"的产业，这与工业、服务业都截然不同，而自然环境和气候因素的不稳定性导致了农业生产的不稳定性，农业生产在很大程度上受制于自然因素的影响，其风险性显而易见；其二是市场风险，是指在农产品市场上，供给弹性远远大于需求弹性，导致农业生产利润往往小于其他行业生产的利润水平。同时，也会出现诸如"谷贱伤农""蛛网模型"等典型事件，这些对于农业生产和农民收入水平的增长都是极其不利的。

　　综上所述，市场对于农业生产领域的自主调节是存在失灵的，这也正是政府必须介入该领域，通过财政支出对农业生产提供支持和保护的重要理论依据。

第二节

二元经济理论

著名经济学家刘易斯在20世纪50年代，提出了在发展中国家普遍存在的经济结构为"二元经济结构"的观点，即落后的农业部门与先进的工业部门并存。工业部门与农业部门之间可以实现社会劳动力的转换，在工业部门发展初期，工业部门从农业部门吸纳了大量的农业部门剩余劳动力，直至两大部门的劳动力达到一个均衡状态。在工业化中期乃至后期，工业部门的发展速度会大大超过农业部门，导致两个部门的发达程度差距日益不均衡，出现所谓的"二元经济结构"；20世纪60年代，拉尼斯和费景汉在刘易斯的理论基础上，进一步研究和完善，认为在社会经济发展过程中，农业部门与工业部门的地位同样重要，政府不能只加大对工业部门的投入、重视工业部门的发展，忽视农业和农村的建设和发展。因为两大部门协调发展，农业部门不仅可以为工业部门提供剩余劳动力，也可以提供剩余的农产品，进而促进工业部门的可持续发展。之后，两人提出的"乔根森模型"认为，农业是社会经济必不可少的一部分，其在工业部门扩张的过程中提供了大量剩余农产品。在工业化初始阶段，工业基础薄弱且发展速度缓慢，无力支持农业发展反而需要农业部门的支持。在工业化后期，工业的雄厚实力可以反过来支持农业发展，城镇支持农村，这是在工业化发展中期以及后期阶段普遍存在的经济规律。

目前，我国具有典型的二元经济结构特征。一方面，现代工业部门的发展可为国民经济的技术化和现代化进程提供支撑，尤其为农业现代化改革提供重大机遇。工业部门的收益可用来支援农业生产，加速传统农业的现代化改造，为其提供充足的资金支持。另一方面，它也可能导致城乡之间的经济差距扩大，造成传统农业地区长期落后。农民大规模向城市工业部门迁移，使得农业劳动力供给不足，制约现代农业的发展。鉴于此，运用工业的理念发展农业，将农业放在优先发展的位置，实现农业与二、三产业的融合发展，延长产业链，增加附加值，带动农业经济可持续增长是十分必要的。可见，利用财政支出等国家宏观调控工具，引导社会资金向农业部门倾斜，支持农业现代化改造是十分必要的；同时，注重缩小城乡差距，努力实现农业发展、农村建设与农民增收，充分挖掘发挥二元经济结构的有利之处，可以实现社会整体效益的最大化。

第三节
公共选择理论

公共选择理论的提出源于经济学家对于政治现象的考

察，是运用经济学的分析方法研究政治决策机制如何运作的理论。公共选择理论主要关注了直接民主制与间接民主制下集体决策机制，着重分析了不同投票规则的性质和效率。如一致同意规则、多数票规则、投票悖论、阿罗不可能定理和中位投票人定理等。公共选择理论对选民、政治家、官僚、特殊利益集团的研究也有助于深入理解多数决策机制的缺陷。我国与西方国家的政治制度、公共选择决策和运行的政治环境不同，但其研究成果对我国仍然具有一定参考价值。公共选择理论中"经济人"假设，偏好显示机制，政治决策规则和"特殊利益集团"理论等为制定相应的公共政策提供了一个有益视角。在中国，农民虽然人数众多，但是受制于农民受教育水平、经济地位及人口整体素质等方面因素的制约，农民的政治参与度长期低于城镇居民。因此，政府农业政策的制定应倾向于农民利益的维护。

公共选择理论还发现，政府在履行职能的过程中会存在管理失效的情形，公共决策也会产生偏差或失误。于是，公众就会要求政府改进管理，提高行政绩效和财政投入的有效性。公共选择理论是政府绩效管理理论的渊源，为政府实施财政支出绩效评估提供了这几条原则。一是效能原则。财政资金使用的有效性既是财政支出绩效评估的首要目标，也是衡量其成果的标准；二是调控原则。考察资金的使用是否达到预计的效果，并根据绩效评估的结果，引导资金向政府需要的部门和方向流动；三是责任原则。责任追溯是财政支农绩效评价的重要制度保障，能够督促政府负责任地安排公共财政投入，实现公众利益最大化；四是透明原则。通过财政支农绩效评估，确保公众掌握财政资金"取之于民、用之于民"的真正去向。这些原则对于我国政府财政支农政策的制定和政策效果的评价，都具有很强的理论支撑作用。

第四节

福利经济学理论

福利经济学作为西方经济学的一个重要分支，侧重于规范性分析。它以一定的价值判断标准为依据，对经济社会的资源配置和国民收入的分配状况进行研究，为经济学的研究提供一种新的思路和方法，拓宽了经济学的研究视域。福利经济学的主要研究内容是政府如何通过基础设施建设、社会保障制度以及财政补贴政策等手段提高全社会的福利水平。研究认为，社会保障制度的健全完善有利于社会福利水平的提升。庇古是福利经济学理论的主要代表人物，他通过对个人福利和社会福利关系、国民收入水平和社会整体福利水平关系的论述，提出了基于完全竞争市场假设下的福利经济学基本内容。他还提出，针对不同的社会生产水平，需相应地采取不同措施以实现社会福利的最大化。例如，在资源配置效率水平比较低下的社会，政府可以通过补贴、课税等方式提高社会福利水平。同时，由于社会存在着边际效用递减规律，政府可以通过征税、补贴等手段实现收入均等化并推进整个国家的福利最大化。之后，萨缪尔森和伯格森在原有福利经济学理论的基础上作了扩展。他们认为，社会成员购买商品的数量和提供生产要素的多少都会对社会福利产生影响，因此将其作为变量纳入了社会福利函数，拓宽了社会福利函数等内容，形成了新福利经济学理论。此外，新福利经济学理论还提出个人福利实现最大化的前提是个人具有选择的自由，政府可以赋予个人自由选择的权利，提高个人福利，进而实现整个社会的福利最大化。综上所述，福利经济学理论的实质内容就是政府通过对社会收入分配的调节来实现社会整体福利的最优。

具体到政府对于农业部门的支持方面，福利经济学理论认为政府应该通过财政支农达到促进农业可持续发展的目的。其研究表明，由于农业的弱质性和外部性，导致市场失灵，配置资源效率低下。因此，需要政府通过税收优惠、财政补贴等方式增加转移性收入，提供农业保险，增强农民抵御风险的能力，提高农业生产者的积极性和主动性，实现农民福利水平的不断提高。而且，转移性收入是农民收入的重要组成部分，因此加大财政支持农业的投入力度，将对农民收入的增长起到重要作用，有利于农民生活质量的进一步改善，确保农业发展的动力。可见，福利经济学理论也为政府增加社会保障支出的必要性和农业保险的推行提供了重要的理论依据。

第五节

经济增长理论

哈罗德—多马经济增长理论基于凯恩斯理论之上，通过动态分析法建立了经济增长模型为：$G = S/C$，其中 G 代表经济增长率；S 代表储蓄占国民收入的比值，简称储蓄率；C 代表资本——产出的比率，同时也称之为资本系数或者投资系数。该模型主要从 S 和 C 两个方面来分析经济增长，将焦点放在投资对于提高生产能力的作用上，强调了加大投资不仅能够增长国民收入，还能够增加生产能力。此模型表明了资本投入对于经济的增长以及发展的重要作用，同时也阐明了对农业的资本投入是农业健康发展的必要条件。

舒尔茨通过对经济增长与农业的关系进行研究得出，发展中国家应该重视农业的基础性作用，大力支持和发展农业，来实现农业的现代化，进而推动国家经济发展的结论。他指出，在经济增长过程中，农业和工业一样都发挥着重要作用。农业要想在经济增长过程中作出重大贡献，必须要控制好投放于农业的投资并且保证其效益。相对于非农业投资而言，农业的投资回报率是较低的，而且具有相对较高的风险性。然而作为第一产业，其经济基础的地位是不可替代的，对农业的投资也就是必需的。但是由于其回报率低、风险高的特点，注定其无法完全依靠市场机制来获得投资。舒尔茨在《改造传统农业》中将农业划分为传统农业、现代农业和过渡农业三类。他指出传统农业有三个基本的特征。第一，技术状况长期保持不变，农业生产要素的供给和技术条件不变；第二，农民没有改变传统生产要素的动力；第三，农民的储蓄率较低，没有大规模投资的经济能力，传统农业的资源配置处于均衡状态。而现代农业最根本的特征是不断将科学技术的最新成果应用于农业之中，不断改进其生产要素的配置，使生产效率不断提高。不同于传统农业，现代农业对科技、资本以及基础设施等具有较高的要求，同时科技成果的转化、基础设施建设更是离不开资金的支持。与传统农业相同的是现代农业依然具有其自身的弱质性，农业投资来源必然借助外部力量，主要依靠国家财政，尤其是在传统农业改造期间，财政支农对农业资源的有效配置具有决定性作用。在我国当前形势下，农民本身缺乏资本和技术的支持、传统农业的规模收益较低，人们投资农业的热情不高，传统农业发展滞后，符合舒尔茨书中对传统农业的性质界定。想要扭转这种局面，就需要政府加大对农业的投资力度，引入新的生产要素，实现传统农业向现代农业的转变。政府对农业的投资不应局限于对一些基础设施的投资，还应更多地投资到人力资源的开发、农业专业知识的推广，提高农民的生产技能上。人力资本是现代农业发展所必需的生产要素，它在提升农业从业者基本素质的同时，可以更大程度地推动农业产业化和现代化的发展。

农业投资对促进农业生产发展，实现现代农业，提升农民收入水平具有重要意义。在经济发展理论中，有关农业投资的理论清晰地阐述了政府投资对农业经济发展的关键作用，也是财政支持农业发展的重要理论之一。

第六节
收入公平分配理论

在凯恩斯的四部门的经济活动中，国民收入支出法为：$Y = C + I + G + NX$。其中，Y 为国民收入，C 为居民消费，I 为投资，G 为政府支出，NX 为净出口。当政府增加财政支农时，一方面可以直接作用于居民的收入，增加居民消费需求；另一方面根据政府支出乘数 $g = 1/(1 - \beta)$（β 为边际消费倾向），在价格不变的条件下，居民的边际消费倾向越大，财政支出乘数越大，其政策效果越明显。因此，凯恩斯基于有效需求不足理论，主张加强政府对经济的干预，用增加公共支出和降低利率等方法来提高有效需求，刺激经济增长。

纳克斯在《不发达国家的资本形成》一书中提出了"贫困恶性循环理论"，认为由于发展中国家的人均收入水平低，投资的资金供给（储蓄）和产品需求（消费）都不足，这就限制了资本形成，使发展中国家长期陷于贫困之中。贫困的恶性循环包括供给和需求两个方面。在供给方面，农村资源生产率低，使得农民收入水平低，导致农民和农村地区的储蓄能力较低，进而导致农村资本短缺，这就直接导致农民无力改善生产条件，进而造成农村资源生产率低，进入新一轮的恶性循环。在需求方面，低收入导致农民购买力低下、投资引诱不足，这使得农村资本短缺、农民无法短时间改善其生活条件，始终徘徊在低收入阶层。由此可见，资本形成不足是发展中国家陷入长期贫困的根源，也是其经济发展的主要障碍，破解农村经济恶性循环关键在于形成资本。在农村自身"造血"能力不足的情况下，财政支农带来的"外来资本"，是破解农村经济恶性循环，提高农民收入的关键。

将上述理论运用到社会居民收入公平分配视角上，农村居民由于收入低，消费和投资不足，加大财政支农的转移支付、降低利率，有利于增加农村居民的投资与消费，从而增加农村居民的收入，继而提升全社会消费能力，推动社会经济的可持续发展和收入的公平分配，无疑是十分必要的。

第七节
比较优势理论

亚当·斯密在《国富论》中首次提出了绝对优势理论，他认为国与国之间分工的依据是产品劳动生产率上的绝对差异。在国际贸易中，当每个国家都将生产要素集中到具有绝对优势的产品生产中，资源就能得到最有效的利用。因此，亚当·斯密的这一理论被称为"绝对优势理论"。大卫·李嘉图在《政治经济学及赋税原理》一书中阐述了他的比较优势思想。他认为在两个国家、两种产品的模型里，分工的依据不再是绝对优势，而是比较优势。即虽然一国在两种产品的生产上都具有绝对优势，另一国在两种产品的生产上都具有劣势，但只要存在优势和劣势的程度不同，则该国在劣势重、另一国在劣势轻的商品上就具有比较优势。如果该国"两利取重"，另一国"两害取轻"，利用这种比较优势进行专业化生产同样具有合理性，同样会实现社会总财富的增长。要素禀赋理论则认为形成比较成本差异的原因有两个。一是各个国家生产要素禀赋比例不同；二是各个国家生产各种产品所使用的生产要素的组合不同，也就是商品生产的要素密集程度不同。

财政支农领域存在着自然地理条件影响农业发展的比较优势和社会经济条件影响财政支出的绝对优势。一方面，财政支农的客体"农业"是弱质性产业，对地形、土壤、水文、光热等自然地理环境要素具有高度的依赖性和敏感性，故各财政支农地区的自然地理空间异质特征会对地区农业的发展布局、农民的生产安排、农村的建设模式产生的深远影响；另一方面，财政支农的主体"财政"是稳定性要素，在一定时期内地方政府的财政实力是相对稳定的，具有不同财政实力的地区，其对农业的支持力度也有所差别。因此，各财政支农地区的农业发展条件是不一样的，有的地区依靠自然条件优势，使得财政支农资金和项目高度契合，从而充分发挥资本对农业生产的促进作用，最终提升农民收入；有的地区依靠社会经济优势和强大的财政实力做支撑，在一定程度上解决了农村资本存量不足的困境，最终提高农民收入。

综上所述，由于各财政支农地区在自然地理条件和社会经济环境方面存在着绝对优势和比较优势现象，因而对于适合发展农业的地区，应大力支持农业的发展，促进农业规模化经营；对于具备特殊资源和特殊情况的地区，要"因时制宜，因物制宜，因事制宜，因地制宜，因人制宜"，切实从提升农民收入出发，全面提升财政支农的政策实效。这也是比较优势理论所带给我们的启示。

第三章

我国财政支农政策的
发展历程

　　农业在世界各国经济发展中都发挥着基础性作用，是国民经济的基础。同时，由于自然风险与市场风险并存，农业也表现出严重的弱质性，完全依靠其自身力量实现农业可持续发展存在很大的困难，这决定了农业必须受到政府的保护与支持。尤其需要注意的是，鉴于我国特殊的经济发展阶段和农业的特殊重要性，也受农业现实发展水平所限，来自国家层面的财政支持必将成为农业发展的重要保障。财政对农业的支持与保护，主要表现为国家作为主体，通过财政投入、农业税收政策、财政补贴、财政贴息等财政手段，实现对农业的引导、支持和管理。从而促进农业的可持续发展和农村人口收入水平的稳步提升。

　　自1978年以来，我国经济快速增长，农业和农村经济发展也取得了巨大的成就。然而随着制度变迁带来的增长效应的逐渐减弱，我国农业和农村经济的发展开始面临许多难题，严重地制约着我国国民经济的协调发展。要加强农业基础地位，走中国特色农业现代化道路，建立以工促农、以城带乡长效机制，形成城乡经济社会发展一体化新格局，必须坚持把发展现代农业、繁荣农村经济作为首要任务，加强农村基础设施建设，健全农村市场和农业服务体系。加大支农惠农政策力度，严格保护耕地，增加农业投入，促进农业科技进步，增强农业综合生产能力，确保国家粮食安全。

作为人口大国，我国农业的基础地位显得尤为突出。同时，随着人民生活水平的提高及城市化进程的不断推进，社会公众对农产品的需求也日益提升和发展变化，这就要求农业生产在快速发展的同时不断进行提升和创新，以满足社会发展和广大人民群众的需求。更为关键的是，全面建设小康社会也要求城乡经济的协调发展，这些都对农业和农村经济的快速发展提出更高的要求。从经济发展的角度分析，一个可观察到的经验事实是：伴随一国由传统农业社会向现代工业社会的转变，各国政府普遍实施农业保护和农业支持政策。日本于20世纪50年代末、60年代初，实行农产品保护政策；韩国也于20世纪60年代末，开始实施农业保护政策。中国进入20世纪90年代以后，经济发展水平已大致相当于日、韩经济转型时期的水平，随着社会经济形势的变化，适时调整政府的财政支农政策也是大势所趋。自1949年开始，我国对于农业的财政支持政策也经历了一个不断发展的曲折历程。

第一节
我国财政支农政策导向
及具体措施发展变化

我国财政支农政策导向的变化和发展大致可以分为五个阶段，即国民经济恢复过渡期的财政支农政策（1949～1952年）、计划经济时期的财政支农政策（1953～1978年）、改革开放初期的财政支农政策（1979～1993年）、"分税制"改革时期的财政支农政策（1994～2003年）、"统筹城乡发展"战略背景下的财政支农政策（2004年至今）。

一、1949～1952年：国民经济恢复过渡期，没有构建规范的财政支农政策体系

我国财政管理体制的形成与国家整体经济体制相适应，经历了由革命战争年代的分散管理到1950年的高度集中，再由高度集中过渡到在中央统一领导下的分级管理。新中国成立后，国家财政由战时财政过渡到建设财政，财政管理体制分设为中央、大区、省（市、自治区）三级财政。1953年后，撤掉大区，增设县级财政。尽管各

级财政集中管理的形式、集中和分散的程度有所不同，但却始终是沿着"统一领导、分级管理"的方向前进的。当时，财政主要任务就是帮助各个部门恢复正常生产，首先满足人民生活的基本需要，为国民经济走向健康发展轨道创造条件，奠定基础。那时，由于国内战争刚刚结束，国家建设百废待兴，中央和地方财政十分困难，国家并没有充足的财力对农业领域进行投入。这期间，财政支农支出仅占财政总支出的不足 5%，财政支农支出项目主要用于国家机构正常运转所需的农林水气象部门事业费和用于农村的救济费，对农业生产领域几乎没有资金投入，这一领域的生产建设资金主要依靠农户自身的投入完成。农户的投入源于建国初期在全国范围内进行的土地改革，由于土地改革不仅使得无地少地农民分到了土地和部分生产资料，也调动了广大农民的生产积极性，使得广大农民愿意，也有一定的能力进行农业生产投入，保证了这一时期国内农业生产得到迅速恢复。总体而言，这个时期财政支农政策目标和任务并不明确，加之财力有限，因而也无从建立规范完整的财政支农政策体系。

二、1953～1978 年：计划经济时期，"重城轻乡、重工抑农"的财政政策

1953 年，我国开始了第一个"五年计划"。第一个五

年计划的制定与实施标志着系统建设社会主义的开始，也成为了我国由传统农业社会向工业社会迈进的起点。1953～1978 年这一时期，是我国工业社会的起步阶段，经过国民经济的恢复和社会主义改造的完成，以及人民公社"一大二公"和农村集体所有制度确认几个重要时期。

据统计，1952 年，我国人均 GDP 仅有 119.4 元（约50 美元），农业占 GDP 比重为 51%，第一产业就业比重已达 83.5%。这个时期，农业在国民经济总量中占有绝对的优势。为了尽快摆脱"一穷二白"的落后局面，实现由农业国向工业国的转变，国家选择并实行了优先发展重工业和向城市倾斜的经济发展战略。为实现这一战略，政府采用了高度集中的计划经济体制。基于动员一切力量、在短时期内筹集工业化所需大量资金的考虑，这一时期的财政采用的也是统收统支的管理模式。在这种大的经济政策背景下，财政支农政策必然要服从于重工业优先发展的国家战略大局。由于当时国内经济社会发展落后，国家财政不仅对农业没有更多投入和支持，反而要求农业为工业化提供积累和大量的资金支持，通过压低农产品价格汲取农业积累促进工业化加速发展，即采用所谓的工农业产品价格"剪刀差"政策，将农业剩余价值向工业进行转移。

从 20 世纪 50 年代中期开始，国家对农业采取了"自力更生为主，国家支援为辅"的方针。此时，作为国民经济基础产业或者主导产业的农业，既肩负着为社会提供农产品、满足人民对粮食的消费需求的重任，又肩负着为工业化体系建设积累筹集大量资金的重要职责。与国家统一的经济政策相契合，在财政支农政策方面，则体现出明显的"重工轻农"政策导向。这种导向反应在税收政策上的体现就是：1958年国家出台了《农业税征收条例》，对农产品征税。同时，开始对农产品实行统购统销制度。国家通过征收较重的农业税和工农业产品价格"剪刀差"的形式，将大量农业资源、资金和原料等集聚到工业和城市建设上，使工农业成品的贸易环境向着工业严重倾斜，最大限度地汲取农业剩余用于工业化建设。据国内学者测算，这一时期国家通过农产品价格"剪刀差"的方式从农业中汲取的积累大约在6000亿元，用于工业化建设。

应当看到，这一期间国家对农业也有一定的投入，在财政上安排了一部分资金支持人民公社改善农业生产条件，发展农业生产。但只是基于国内农业生产力水平较低、食品供给紧张、粮食短缺一直没有得到有效解决的现实背景而采取的必要措施。可见，这个时期财政支农重点和主要目标，就是追求农产品数量，以解决吃饭和温饱问题。但是这一时期的财政收支渠道较少，支农的资金来源和投向十分单一，且财政支农基本建设投资严格按指令性计划管理，采取无偿拨款，建设单位无偿使用的方式，支农资金主要用于农田水利基本建设，改善农业生产条件，发展农业生产。中央地方财政支出主要用于农业基础设施建设和恢复农业生产，修建了一些大中型水利设施，除了正常机构运转所需经费外，用于农村教育、卫生、文化等农村社会事业支出很少。不可否认的是，新中国成立30年，农业为工业化提供的积累已经远超出自身承受能力，农业、农民为我国工业化做出了巨大贡献。但由于我国户籍制度的藩篱，阻碍了人口等要素的流动，工业化与城镇化没能同步进行。可见，"重城轻乡、重工抑农"战略实施的财政支农反向政策的长期作用，是形成当今中国的城乡差距和城乡二元结构的基本格局的制度根源。

三、1979～1993年：改革开放初期，"多取、少予"的财政支农政策

历经20余年的建设和发展，截至1978年，我国的国民生产总值已经达到3624亿元，比1965年的1716亿元翻了一倍多，年均递增率达6.8%，并建立起了一个独立的、门类齐全的工业体系。但是人民生活水平较低，技术比较落后的根本局面没有改变。为了彻底改变中国经济社会发展落后的状况，1978年12月18日～22日，召开了中国共产党十一届三中全会。它是中国共产党历史上具有深远意义的伟大转折：从1978年开始，我国开始对国内的经济体制进行全方位的改革，中国的经济体制也逐步从计划经济转移到市场经济的轨道上来。

这一时期，为了增加农民收入，改变工农业产品交换不平等和国民收入分配不平等、不均衡的状况，国家分配政策和财政支农政策也开始进行了重大调整，其中最大的政策亮点就是大幅度地提高了农产品收购价格。其间，1979 年，国家大幅度地提高了 18 种主要农副产品的收购价格，提价幅度为 21%；1980 年，再次提价 7.1%，之后还多次调整了农产品收购价格。特别是推行农产品"双轨制"的价格体系改革，使得农民出售的农产品因价格上升而增加的收入非常可观。除粮食和油料等主要农产品价格由国家控制外，其余农产品的价格部分放开或全部放开，随行就市，开始改变过去对农业"轻视、索取"的政策导向。据统计，1993 年与 1978 年相比，农产品收购价格总指数上升了 214.7%，年递增幅度为8.19%，相当于 1953～1978 年农产品收购价格平均增幅的 3.17 倍。此外，需要特别提及的是，这一时期国家在研究提高农产品收购价格的同时，对城市居民消费的农产品价格并没有做出大幅提升，由此引起的价格倒挂差额是由财政承担的。其中，1978～1993 年仅国家承担粮棉油价格补贴累计为 2855 亿元，平均每年为 190.3 亿元。

在农村改革取得巨大成就的同时，国家采取了"放权让利"的经济政策，使得"分灶吃饭"的财政包干体制替代了新中国成立以来高度集中的财政统收统支管理体制，财政支农政策也相应进入了转折调整时期。随着

"划分收支，分级包干"财政体制的实行，国家财政在支援农村生产支出中，除特大抗旱防汛补助费和支援不发达地区资金外，全部下放到地方财政，列入地方包干基数，由地方管理使用。中央财政支农支出主要是中央级农业事业费支出和对地方的特大防汛抗旱补助支出。地方财政农业支出主要是支援农村人民公社支出、农业事业费等。

但随着国家向企业和地方放权让利的各项政策措施的陆续出台，财政包干体制的负面效应也随之产生，最为关键的问题就体现在财政上"两个比重"的明显下降。其中，中央财政收入占 GDP 的比重由 1978 年的 30.9% 下降到 1993 年的 14.7%，中央财政日益困难，加之财政支出刚性的作用，财政赤字规模不断扩大，1993 年已达 199 亿元，使得国家财政始终处于紧张运行状态。有限的财政收入，不仅满足不了国企改革和城市其他改革成本支出，更难以满足农业对资金的需求，农业基本建设投资长时期出现锐减，直接导致 20 世纪 80 年代中后期全国粮食生产和农业发展出现了停滞不前、徘徊下降、农业发展后劲不足的局面。

然而，尽管这个阶段我国农业发展出现了一些波动，但国家财政对农业支持政策，无论在资金投入的总量、渠道和结构，还是在政策内容、政策作用的方式，以及政策覆盖范围上，都比过去有较大的增长。同时应该看到，虽然这个阶段是农民收入增长最快、城乡差距最小的阶段，但国家对农业采取的"多取、少予"的基本政策格局没有彻底改变。直到 1994 年分税制改革前，财政支持农村生产支出在预算管理上，实际上采取的是"地方包干基数内支出＋中央专项拨款补助"模式，形成了"分灶吃饭"的财政包干体制下的财政支农政策局面。

总结这一时期的财政支农政策，首先必须承认，受财政赤字所限，国家减少了对农业的直接投入。尽管开始对工业化初期"以农补工"的政策进行调整，但对农业的投入仍不及农民缴纳的税收，这一时期财政对农业的投入呈现出明显的"多取、少予"的特征。其次，在国家整体经济社会发展战略导向发生变化的背景下，我国财政对于农业的财政政策也呈现出不同的变化，改革开放初期，面对农业发展落后、粮食供给短缺等问题，国家通过提高农产品收购价格、减免税收等措施刺激农民生产积极性，直接或间接增加了财政支农支出，在财政、税收政策层面，具体来说有以下几条。

（一）这一时期的财政支农政策

1. 提高农产品收购价格

为了改变工农产品不合理的比价关系，1979 年，国家提高 18 种农产品收购价格的 21%，以后又多次提高农产品收购价格，逐步放开农产品价格。1993 年与 1978 年相比，农产品收购价格总指数上升了214.7%，农产品价格上涨极大地刺激了农民种粮的积极性。同时，为了保证城市居民生活水平不受影响，对城市居民销售的农产品价格没有相应提升，其中产生的价格倒挂差额由财政弥补，这也是财政对农业发展支持的有力举措。

2. 对农业生产资料的企业进行补贴

为支持农业生产，国家要求农药、化肥、农机等生产资料生产企业按照优惠价出售给农民，并对这些企业实行价格补贴。此举表面上看是对企业补贴，实际上是农民受益，统计显示，1978～1993年，此类补贴累计达到607.3亿元。

3. 设立农业发展基金

为拓宽财政支农资金的来源，国家开征耕地占用税，设立农业发展基金，用于农业综合项目开发。重点综合治理山林水路，改造中低产田，开垦荒地，在一定程度上改善了农村基础设施状况，对农业生产起到了有利的促进作用。

（二） 这一时期的税收惠农政策

为加快农业发展，国家对农业税征收坚持"增产不增税"的政策。1979～1982年，采取农业税起征点办法，对口粮、收入水平在起征点以下的队免税。1983年，实行对贫困山区的照顾政策。农业税税负从1978年的4.4%

下降到 1993 年的 2.4%，在一定程度上减轻了广大农民的税收负担。

四、1994～2003 年："分税制"改革时期，"多予、少取"的财政支农政策

这一时期，不仅是我国确认社会主义市场经济体制改革目标并付诸实施的重要历史阶段，也是实行"分税制"改革，调整中央与地方分配关系的关键时期。从社会宏观经济层面来看，社会主义市场经济体制确立以后，我国工业化和城镇化快速发展，对农产品的需求压力加大。由于粮食价格需求弹性较小，粮食产量的提升又使得粮价下跌，城乡居民收入差距在拉大。与此同时，农民的负担增长速度超过了农民维持农业扩大再生产的能力，农业发展的瓶颈制约着国民经济的发展。从国家财税管理体制层面来看，1994 年，国家实施了以分税制改革为核心的一系列财税体制重大改革。

在这一时期中，尤其值得一提的是 2001 年 12 月 11日中国正式成为世贸组织成员，在 WTO 农业规则约束及以工补农和城乡统筹理念确立的背景下，我国开始实施了变革性的、针对性明显的农业支持政策。自 2001 年入世

以来，我国农业支持政策主要具有反哺性、主导性、制度化的特点。首先，经过1978年以来的持续高速发展，我国已经具备了工业反哺农业、统筹城乡发展的实力和基础。其次，农业支持政策的主导性日益强化。最后，我国农业支持政策逐渐形成体系，用于支持农业的资金呈现出专项化趋势，支持农村社会事业发展的资金呈现出制度化发展趋势，一个覆盖面广、专项管理、制度强化的农业支持政策体系逐渐形成。这一时期，国家的财政支农政策呈现出"多予、少取"的特征，并且在《农业法》中明确要求财政对农业投入的增长幅度应高于财政经常性收入的增长幅度，即所谓的"法定支出"规定，这与之前的"多取、少予"的财政政策表现出显著区别。具体来说有如下几条。

（一）这一时期的财政支农政策

1. 加大对农业基础设施建设投资力度

由于20世纪80年代农业基本建设投资占全国基建投资比重持续下降，使得我国农业基础设施薄弱的状况十分明显，基于这种现实，自1994年起，政府开始加大对农业基础设施财政投资力度。特别是1998年国家发行特别建设国债，对重要水利工程设施、天保工程等项目进行投入。1998~2003年，中央财政投入农业农村基础设施建设资金达 3500 多亿元，这些资金极大地改善了农村基础设施状况。

2. 改革财政支农管理制度

针对过去财政支农资金管理粗放、浪费严重等问题，国家规范了财政支农资金预算的编制和财政支农支出管理制度。在财政扶贫和农业综合开发领域中，借鉴世界银行项目管理方法，建立起了项目库制度、专家评审制度、报账制度、绩效评估制度等，在增加农业财政投入的同时，不断提升财政支农资金的使用效率。

（二）这一时期的税收惠农政策

20 世纪 80 年代，农民担负着了农业税、村提留、乡统筹、各种集资、罚款、摊派等各种负担，沉重的税费负担影响到国民经济的持续发展和社会稳定。在经过一系列先期试点的基础上，1994 年，国家决定在安徽省全省范围率先实行"税费合并，折实征收"为主要内容的农村税费改革。2000 年，在全国范围全面推进农村税费改革，实行"三取消、两调整、一改革"。乡村义务教育、计划生育、优抚等所需资金纳入财政预算安排。这些税收层面的优惠政策极大地调动了农民的生产积极性，推动了这一时期农业的快速发展。

五、2004～2012 年："统筹城乡发展"战略时期，"只予不取"的财政支农政策

党的十六大报告是最早提出"统筹城乡发展"思想的国家政策文件，文件指出："统筹城乡经济社会发展，建设现代农业，发展农村经济，增加农民收入，是全面建设小康社会的重大任务。"其主要目的在于解决"三农"问题，消除城乡二元经济结构。2003 年 10 月，党的十六届三中全会在统筹发展思想上有了进一步的拓展。十六届三中全会明确提出了统筹城乡发展、统筹经济社会发展、统筹人与自然和谐发展和统筹国内发展和对外开放的战略思想。2003 年 10 月 22 日，在成都双流县召开了推进城乡一体化工作现场会，确定以城乡一体化作为城市发展战略，以"三个集中"为根本办法，推进新型工业化、新型城镇化和农业现代化，把城乡一体化正式作为全市的重大战略部署全面推进，揭开了统筹城乡发展序幕。统筹城乡经济社会发展，是党中央在正确把握我国新阶段经济社会发展的新趋势、新矛盾、新挑战、新机遇和遵循经济社会发展规律的基础上提出的，具有极强的时代性、创新性和针对性，具有极为重要的战略意义。

在上述大的改革和社会环境背景下，国家财政支农政策不仅进行了重大调整，而且财政支农支出规模和结构，

以及支农资金管理机制和方式也相应作出重大调整。具体表现在：一是财政支农资金进入快速增长时期；二是财政支农资金市场化取向开始显现；三是财政支农管理体制和机制发生积极变化；四是农村税费改革试点工作在全国范围内迅速推广并取得成功。

自 2004～2012 年间，我国政府连续出台了 9 个与农业发展相关的 1 号文件，对当年财政支农的重点和政策举措作出战略部署，2006 年，更是在全国范围内全面取消了农业税，结束了我国近 2600 年的农民赋税的历史，这堪称中国农业发展史上具有里程碑意义的事件。经过一系列政策的制定及实施，财政支农资金规模也不断扩大，总额从 2001 年的 1456.73 亿元增加到 2006 年的 3172.97 亿元（2006 年以后的统计数据口径有所变化）。特别值得一提的是，2005 年 1 月 30 日，《中共中央 国务院关于进一步加强农村工作提高农业综合生产能力若干政策的意见》要求，坚持"多予少取放活"的方针，稳定、完善和强化各项支农政策，这标志着我国财政支农政策的战略导向发生了根本性的转变。2010 年 1 月 31 日，文件题为《中共中央、国务院关于加大统筹城乡发展力度，进一步夯实农业农村发展基础的若干意见》。文件推出了一系列含金量高的强农惠农新政策。如，对"三农"投入首次强调"总量持续增加、比例稳步提高"，这一要求不仅要求确保"三农"资金投入的总量，更明确了比例稳步提高的原则。

此外，文件还大幅提高了各项涉农财政补贴资金的标准、首次提出要"着力解决新生代农民工问题"，这是党的文件中第一次使用"新生代农民工"这个词，传递出中央对约占农民工总数60%的"80后""90后"农民工的高度关切。此次文件的最大亮点是强力推动资源要素向农村配置，这成为这一时期财政支农的重要内容和政策亮点。

可以说，这一时期我国已进入工业化中期阶段，国民经济的发展具备"以工促农、以城带乡"的条件。经济的快速发展也带来了可观的财政收入，2004年，财政收入突破2.5万亿元。在党的十六大提出要统筹城乡经济社会发展和新农村建设目标下，中央提出新增财政支出和固定资产投资要向"三农"倾斜，出台了强农惠农政策，形成了"只予不取"的财政支农格局。具体来说有以下几条。

（一）这一时期的财政支农政策

1. 改变财政支农方式，对农业生产实行直接补贴

为消除对粮食流通领域的补贴不能使农民直接获益的弊端，自2004年以来，国家改变了涉农补贴方式，实施了粮食直补、农机具购置补贴、农资综合补贴、良种补贴"四项补贴"，取消对中间环节的补贴，对农业生产进行直接补贴。同时，政府不断扩大农业财政补贴范围，提高补贴标准，增加补贴规模，完善补贴管理办法。从2011年开始，调整增量补贴资金使用方向，新增补贴重点向种养

大户、农民专业合作社及各种生产服务组织倾斜。各种财政补贴的不断到位，极大地提高了农户的收入水平，提升农业从业者的生产积极性。

2. 逐步将农村社会事业发展纳入财政保障范围

随着公共财政理念不断深入，这一时期，国家不断推进公共财政建设和城乡统筹发展，把农村义务教育纳入财政保障范围，对农村义务教育实行"两免一补"政策，提高了农村中小学公用经费保障水平。同时，财政大力促进农村文化事业发展，推进文化工程建设，先后实施广播电视村村通、乡镇综合文化站建设、信息资源共享等工程。这一时期，国家逐步建立起了新型农村合作医疗制度和农村养老保险制度。各级财政对新农合的人均补助标准从最初的 20 元提高到 2017 年的 450 元，对新农保中的基础养老金部分人均补助额从 2009 年的 55 元提高到 2018 年的 88 元，这些财政保障措施为免除农民的后顾之忧，提高农民的福祉起到了显著的效果。

（二）这一时期的税收惠农政策

这一时期最为重要的税收惠农政策非全面免除农业税莫属。2006 年，我国在全国范围内全面免征农业税，结束了我国自公元前 594 年鲁国时期开始，开征了近 2600 的农业税历史，成为了中国征税史上具有里程碑意义的一件大事。有统计表明，取消农业税使农民负担总额减少约

1250 亿元，大幅度减轻了种粮农户的经济负担。同时，中央设立了农村税费改革转移支付，通过转移支付给地方补助，重点向农业大省、民族地区和财政困难地区倾斜，有效地减轻了取消农业税对地方财政的冲击，这也在很大程度上避免了农民负担的反弹。

当然，也必须承认，尽管这十年国家财政支农资金投入的增长幅度较大，但依然存在许多问题。与我国农业的基础地位和发展要求相比，一是财政支农总量仍然是低水平的。二是财政支农结构也不合理。三是财政支农资金投入机制也尚未建立健全。

六、从 2013 年至今：党的十八大以后，"农业农村优先发展"的财政支农政策

党的十八大指出，我国进入全面建成小康社会决胜阶段，指出城乡发展一体化是解决"三农"问题的根本途径，明确提出要加快发展现代农业，着力促进农民增收，坚持和完善农村基本经营制度，加快完善城乡发展一体化体制机制。强调要把国家基础设施建设和社会事业发展重点放在农村，深入推进新农村建设和扶贫开发。这一时期除了继续坚持工业反哺农业，采取"多予、不取、放活"的财政支农政策之外，还提出了"统筹城乡发展""农业农村优先发展"的政策。这一时期中央的"一号文件"

依旧成为农业农村工作的指导性文件，在中央"一号文件"的指导下，财政支农政策的重点也不断向产业、生态和扶贫层面倾斜。具体来说有以下几点。

1. 加大对农业产业和生态环境的补贴力度

随着"统筹城乡发展"的战略思想提出，关注农业可持续发展、确保中国经济发展充足后劲成为政府关注的重点。因此，加强对农业产业和生态环境的补贴力度成为财政支农政策的重点。这些补贴包括：推动农业三项补贴改革，支持耕地地力保护和粮食适度规模经营，新增补贴向粮食等重要农产品、新型农业经营主体、主产区倾斜。优化农机购置补贴，加大对粮棉油糖、畜禽养殖和饲草料生产全程机械化所需机具的补贴力度。加大对保护性耕作、深松整地、秸秆还田等绿色增持技术所需机具的补贴力度，系列财政补贴政策的出台，对于农业的生产经营和农村人口生活水平的提升起到了显著效果。

2. 创新财政支农方式

在中国经济进入"新常态"的总体背景下，政府开始逐步转变原有的单一投入的财政支农模式，探索积极引导社会资本投入到农业农村，通过政府和社会资本合作、政府购买服务、贷款贴息、设立产业发展基金等方式，通过"以奖代补"支出方式，提高财政资金使用效率，充分发挥财政资金"四两拨千斤"的作用。

3. 财政农村扶贫开发政策体系逐渐形成

为支持贫困地区改善生产生活条件，促进贫困地区社会经济发展，构建起财政扶贫开发政策体系，由专项扶贫、改善民生、教育扶贫工程等多方面构成。中央财政用于农村扶贫开发的投入力度不断加大，设立了财政扶贫资金、国债资金等专项扶贫资金，这些资金的投入，一方面为实现政府提出"到 2020 年确保现行标准下农村贫困人口实现脱贫、贫困县全部摘帽、解决区域性整体贫困"的宏伟目标起到了积极的推动作用，另一方面，又为这一目标实现后农村地区人口收入水平进一步提高奠定了坚实的基础。

第二节
1978 年以来我国财政支农政策重点综述

正如上文所述，随着我国社会经济形势不断变化，我国政府对"三农"问题的关注度日益提升，财政支农政策也从新中国成立之初的"轻农重工、提取农业剩余"经历了"多取、少予""多予、少取""多予、不取"直至发展到现在的"优先发展农业"的变化历程。回顾 1978 年以来我国的财政支农政策，其支持重点主要集中在以下几个方面。

一、支持农业生产经营

在财政支农政策中，支持农业生产经营的政策包括支持粮食生产的政策、良种补贴政策的财政政策和支持实施税费改革政策的税收政策。

（一）出台了支持粮食生产的各种财政补贴政策

农业是国民经济的基础，而粮食是基础的基础。我国是人口大国，粮食安全问题理所当然地就成了所有人关心的问题。所以，寻找解决中国粮食安全的办法，是每一个中国人的愿望。就目前而言，中国解决粮食安全问题的办法是提高农业生产效率，并对农业进行大量补贴。近年来，国家为了支持粮食生产，采取了多项措施。例如，实施良种补贴政策、种粮直接补贴政策、农资综合补贴政策、农机购置补贴政策、农机报废更新补贴试点政策等，通过这些补贴来减轻种粮农户的经济负担，支持粮食生产。以良种补贴政策为例。良种补贴是指国家对选用优质农作物品种的农民给予的补贴，其范围包括：水稻、小麦、玉米、大豆、油菜、棉花和国家确定的其他农作物的优良品种的财政性补贴。良种补贴的实施目的是鼓励农民积极使用优良作物种子，提高良种使用率。实施良种补贴政策，有利于减轻农民负担，增加主要农产品的产量，改善农产品的品质。

在多种补贴政策的促进作用下，我国农业生产和农民生活都不断登上新台阶。以 2011 年为例，这一年良种补贴规模比上年继续扩大，部分品种标准进一步提高，中央财政安排良种补贴 220 亿元，比上年增加 16 亿元。这一年，我国粮食产量实现半个世纪以来首次连续八年增产，农民收入也实现"八连增"。

（二）进行税费改革支持农业发展

国家为了调整农村的分配关系，减轻农民的负担，缓解社会矛盾，相继进行了多项税费改革措施。我国从规范农村税费到最终取消农业税，大致经历了两个阶段。一是，从 2000 年起，国家规范并清理一些农村税费。2000 年，安徽被中央确定为以省为单位进行农村税费改革的试点省，在全国率先启动了农村税费改革，逐步规范减少涉农收费，取消农民承担的生产经营性费用和各种名目的搭车摊派，减少特产税率等，并在 2005 年，宣布全省取消农业税，比全国提前一年终结了在中国存续了 2600 多年历史的"皇粮国税"，当年就为全省农民减轻政策负担 54.5 亿元。安徽经验也迅速在全国被推广，2002 年，全国试点扩大了 20 个省份，2003 年，农村税费改革在全国范围内全面推开；二是，从 2004 年起，逐步减免农业税，直至 2006 年全面取消农业税。税费改革政策有利于提高农民的生产积极性，促进农业生产经营，有利于加快现代农业的发展步伐。

二、支持农业科技进步

在"三农"的发展中，农业科技起着至关重要的作用，农业科技进步逐渐成为新时期"三农"发展的重要因素。农业科技进步是指在促进农业生产方面的科学技术的进步，以及提高农村生活方面、提升农民自身素质方面的科学技术的进步。

（一）不断增加财政农业科技投入规模

农业科技投入是指一个国家或地区每年用于农业科学研究、农技推广、科研成果转化的投入。自 1978 年以来，我国逐步加大了对农业科技投入的重视程度，早在 1996 年，农业部就颁布了《科技三项费用管理办法（试行）》实施细则，对农业科技三项费用的请领与拨款、开支范围、财务管理、监督与检查等做了系统的规定。农业科技三项费用是国家为支持农村科技事业发展而建立的，它包括新产品试制、中间试验费、重大科研项目补助费。农业科技三项费用主要用于从事农业科学研究的国家各类研究院所、高等院校及国有企业承担的全国性的和具有区域特点的国家和部门的重点科技计划项目。对科技三项费用的增加有利于提高农村科技水平、促进农业增产、增加农民收入。"十五"期间,我国农业科技发展取得重大成就,农业科技进步贡献率达48%。超级稻、转基因抗虫棉、禽流感疫苗等方面的科技成果处于世界领先水平;农业装备水平显著提高。2012年,我国在强调持续加大财政支农投入的同时,将"大幅增加农业科技投入"摆在了突出位置上。2014年,我国继续强调了将农业作为财政科技投入优先领域。根据《农业科技发展规划(2006-2020)》的要求,到2020年,农业科研开发投入占农业 GDP 的比重提高到1.5%以上,农业科技进步贡献率要达到63%。为了实现上述目标,财政部门不断提升对农业科技投入的力度,尤其是对农业科技三项费用的投入。2023年1月18日,国新办就2022年农业农村经济运行情况举行发布会,农业农村部总农艺师、发展规划司司长曾衍德在会上表示,总体判断,我国农业科技创新整体水平已经迈入世界第一方阵,2022年全国农业科技进步贡献率达到62.4%。对农业科技进步财政投入力度的增加,对于促进农业生产快速、可持续发展提供了巨大的动力。

(二)重视农业科技推广,加大对农业科技推广的财政支持力度

国家在提高农业科技投入的同时,也注重农业科技的推广。在有利于农业发展的基础上,通过试验、示范、培训、指导、咨询等，把科学技术应用于种植业、林业、畜牧业、渔业发展的产前、产中、产后的全过程。农业科技推广的种类包括：良种繁育、加工，新型肥料、农作物病虫害的防治、动植物的防疫和检疫，栽培和养殖技术，农产品的加工、贮藏、输运技术、农机装备技术、农业农村经营管理技术等。在推广及应用过程中，很重要的一环是要对农民进行科技培训，培养能把科技运用于"三农"发展过程中的农民。从1999年到2005年，国家财政不断增加财力投入，支持相关部门组织实施了"跨世纪青年农民科技培训工程"，从2006年起，又实施了"新型农民科技培训工程"，这些工程提高了农民自身的素质，促进农村更多的人涌入使用科技的浪潮中，不但实现了农民的增产增收，而且加快了农业结构调整，促进了农业经济的发展。

（三）财政出资设立农业科技成果转化资金

把科技成果转化为现实的生产力，科技成果才能更好地实现其使用价值，才能发挥科技对农业经济的引领作用。随着我国农业面临的竞争与挑战越来越大，农业科技成果转化问题也越来越得到重视。近年来，国家日益重视加强农业科技成果转化的工作，财政部门也不断加强对于科技成果转化所需要的资金的投入。在这些转化资金的扶持下，越来越多的农业科技成果得到广泛应用，为提升我国农业生产科技水平发挥了巨大作用。

三、支持农业基础设施建设

农业基础设施建设包括农业基本建设、农业综合开发工程、小型农田水利建设、农村小型公益设施建设等。加强农业基础设施建设，是促进农村经济发展、改善农村环境、加快农业和农村现代化进程的重要措施之一。改革开放40多年来，国家一直重视农业基础设施建设，财政部门也始终将这一领域作为投入的重点领域，这使得农业基础建设取得了较快发展进展。

（一）逐步加大农业基本建设投资的财政资金投入

随着农业经济的发展，农业基本建设得到了国家的重视，农业基本建设投资带来的效果也很明显。农业基本建设的投资主要集中在高标准农田建设工程、"菜篮子"产品供应能力建设工程、现代农业公共服务能力条件建设工程、草原建设与农业生物资源保护工程、农村废弃物资源化利用工程及其他方面的建设。2001年，农业部加强农业基本建设工程项目管理，农业基本建设项目取得了明显成效。之后，又修订了《农业工程项目建设标准体系规划（2001—2015年）》，对强化农业基本项目监督管理工作也作了明确阐述。加强农业基本建设投资，对促进农业的可持续发展，改善农民生产生活条件起到了积极作用。

（二）不断加强农业综合开发项目的财政支持力度

农业综合开发是国家对农业资源进行全面综合开发的生产建设活动，是我国农业和农村经济工作的重要组成部分。自1988年开始，国家就设立了农业综合开发项目。到2004年，农业综合开发项目分为两类。一类是土地治理项目，另一类是产业化经营项目。土地治理项目一般包括中低产田改造、生态综合治理、中型灌区节水配套改造三个项目。产业化经营项目包括经济林及设施农业种植、畜禽水产养殖等种植基础项目；粮油、果蔬、畜禽等农产品加工项目；储藏保鲜、产地批发市场等流通设施项目。国家实行财政补贴和贷款贴息两种方式对农业综合开发项目进行扶持。例如，2011年，中央财政安排农业综合开发产业化项目资金35.81亿元。其中，18.41亿元用于贴息项目，12.8亿元用于财政补助项目。国家对农业综合开发进行大力支持，有利于改善农业生产条件，推进农业和农村经济结构调整，增强粮食安全，增加农民收入，有利于加快发展现代农业，推动社会主义新农村建设。

（三）增加小型农田水利工程建设的财政投入

小型农田水利工程是指为解决耕地灌溉和农村人畜饮

水而修建的工程，它包括，田间灌排工程、小型灌区、灌区抗旱水源工程、小型水库、塘坝、蓄水池、水窖、水井、引水工程和中小型泵站等。这些小型农田水利工程对调节和改良农田水分状况和地区水利条件，使之满足农业生产发展的需要，促进农业的稳产高产起到了很大的促进作用。完善小型农田水利建设可以缓解自然灾害给人民群众生活带来的不便，减少农业生产的损失。所以，中央财政始终重视小型农田水利设施建设补助的专项资金的分配，以期实现小型农田水利重点县建设基本覆盖所有的农业大县。仅以2011年为例，2011年，《中共中央　国务院关于全面推进乡村振兴加快农业农村现代化的意见》中着重指出了要因地制宜兴建中小型水利设施，支持山丘小水窖、小水池、小塘坝、小泵站、小水渠等"五小水利"工程建设，"深化小型水利工程产权制度改革，明确所有权和使用权，落实管护主体和责任，对公益性小型水利工程管护经费给予补助。"2011年，中央财政对重点县平均每县补助800万元。各重点县的具体补助规模由省级财政、水利部门根据实际情况确定。省级财政对重点县补助规模原则上不少于800万元。

四、支持农村社会事业发展

农村社会事业主要包括农村教育、医疗卫生、农村社会保障事业等，是与广大农民群众的切身利益和发展需要息息相关的。加大财政对于农村社会事业发展的支持，加快发展农村社会事业，把促进农村社会事业发展的政策落到实处，对于促进农村社会经济繁荣，维持农村社会的稳定，提高农民的生活质量都具有重要的意义。

（一）不断加大对农村教育事业发展的财政投入

农村教育是我国教育系统中至关重要的组成部分，随着农村教育在经济和社会发展中作用的越来越大，农村教育越来越受到人们关注，国家对这一领域的关注度不断提升，农村教育的发展也取得了很大的成就。财政部门相继制定了一系列政策，加大对农村教育的投入，包括免除学生义务教育阶段的学杂费，免费提供教科书，对贫困生提供补助，维修校舍，提高中小学教师的工资待遇等。财政部报告显示，"十三五"时期中央财政累计安排城乡义务教育补助经费达7495亿元，年均增长5.97%，其中用于农村地区的资金占比一直保持在90%左右；用于中西部地区的资金占比保持在80%以上。全国每年约1.54亿学生免除学杂费并获得免费教科书，约2500万家庭经济困难学生获得生活补助，约1400万进城务工农民工随迁子女实现生均公用经费基准定额和"两免一补"经费可携带，营养改善计划惠及约3200万贫困地区学生。

（二）支持农村公共卫生医疗事业的发展

农村公共卫生和基本医疗工作是我国卫生与医疗工作的重点。改革开放以后，农村合作医疗的创立与发展，使农村卫生保健得到了很大的发展。自 20 世纪 90 年代以来，农村的医疗卫生服务体系得到了更多重视。进入 21 世纪，国家相继制定了相关的医疗卫生政策。比如，建立公共卫生体系，保障服务经费的到位，建立和完善新型农村合作医疗制度，建立和完善农村居民医疗保险制度等。2015 年 4 月 21 日，国务院办公厅转发民政部《关于进一步完善医疗救助制度全面开展重特大疾病医疗救助工作意见的通知》指出，城市医疗救助制度和农村医疗救助制度于 2015 年底前合并实施，全面开展重大特大疾病医疗救助工作。一系列财政支持政策的出台，极大地促进了农村公共卫生医疗事业的发展，改善了农村人口的健康和生活水平。

（三）加大财政支持，完善农村社会保障体系

农村社会保障是中国社会保障体系的重要组成部分。农村的社会保障政策的完善，对于社会主义新农村的建设、和谐社会的全面构建，具有重要的意义。自 1978 年以后，我国的农村社会保障就进入了改革发展阶段。进入 21 世纪以来，国家逐步将养老、医疗保险和最低生活保障

制度推行到农村地区，城乡社会保障政策逐渐进入了一体化阶段，中央财政对财政困难地区的农村五保供养给予补助，对农村社会最低生活保障制度做了规范，将农民工纳入了社会保障的范畴，做好被征地农民的社会保障工作。近年来，新型农村合作医疗、农村医疗救助、农村最低生活保障、进城农民工以及失地农民社会保障等政策正在不断推进与完善，农村社会保障政策得到了强化。

五、支持农村生态建设

生态环境是人类生存与发展的基本条件，是社会经济发展的重要条件，生态环境的好坏直接影响着整个社会发展的和谐发展。农村生态建设对农村经济的发展及社会主义新农村的建设发挥着重要作用。农村生态建设一般包括退耕还林、天然林保护、森林生态效益补偿、草原生态治理以及水土保持等。在建设社会主义新农村中，重视农村的生态建设，具有重要的战略意义。党的十八大强调，要在经济建设、政治建设、文化建设、社会建设的各方面中融入生态文明建设，使生态文明建设的战略地位更加明确。由此可见，农村的生态建设在农村的经济、政治、文化、社会建设中发挥着举足轻重的作用。

农村生态建设主要是指对在农村地区受人为干扰或破坏的生态系统进行生态恢复和重建。在恢复和重建农村生态环境的过程中，想要尊重生态系统的自然规律、有效利用现代科学技术，达到及改善生态环境，同时又可以促进生态环境与经济社会发展相协调，实现农业的可持续发展的目的，无疑离不开财政政策的支持。

（一）加大财政支持，落实退耕还林政策

落实退耕还林政策，是国家对水土流失严重或粮食产量低的坡耕地、沙化耕地、生态地位重要的耕地等，实行退出粮食生产、植树或种草的政策，并向退耕还林者提供一定的补偿。自 20 世纪七八十年代以来，我国的经济快速发展，国家在国民生产总值增长、综合国力增强的同时，生态环境的确遭到严重的破坏。全国森林数量和质量不断下降，水土流失和荒漠化加剧，洪灾和沙尘暴天气频发，严重威胁了人们的生产生活和生命财产安全。因此，国家在实施天然林保护工程后，又实施了退耕还林政策。到 20 世纪 90 年代，全面扩大退耕还林范围，逐渐扭转生态环境恶化的势头。自 1999 年以来，我国先后开展了两轮大规模退耕还林还草，中央累计投入 5700 多亿元，共计完成退耕还林还草任务 2.13 亿亩，同时完成配套荒山荒地造林和封山育林 3.1 亿亩。20 多年来，退耕还林还草先后在 25 个省区市和新疆生产建设兵团实施，共有 4100 万农户、1.58 亿农牧民参与并受益，取得了巨大成就。一是有效改善生态状况。工程区林草植被大幅度增加，森

林覆盖率平均提高 4 个多百分点,年生态效益总价值量达 1.42 万亿元。长江、黄河中上游地区、重要湖库周边水土流失状况明显改善,北方地区土地沙化和西南地区石漠化得到有效治理。二是助推脱贫攻坚。全国有 812 个脱贫县实施了退耕还林还草,占脱贫县总数的 97.6%。第二轮退耕还林还草对建档立卡贫困户的覆盖率达 31.2%,促进 200 多万建档立卡贫困户、近千万贫困人口脱贫增收。三是树立全球生态治理典范。退耕还林工程创造了世界生态建设史上的奇迹,其资金投入、实施范围、群众参与度均创历史新高,退耕还林还草贡献了全球绿色净增长面积的 4% 以上。从 2017 年起,退耕还草的补助标准由 800 元/亩,提高到 1000 元/亩;退耕还林种苗造林费补助由每亩 300 元提高到 400 元,使新一轮退耕还林总的补助标准达到每亩 1600 元。退耕还林是促进人与自然和谐发展,改善生态环境的重大举措。

再以我国天然林保护修复工程为例,该工程于 1998 年启动试点,2000 年全面展开,工程通过严格森林管护、有序停伐减产、培育后备资源、科学开展修复、有力保障民生等措施,历经试点和两个 10 年期建设。到 2020 年底,中央财政累计投入资金 5000 多亿元,工程建设范围由重点区域扩大到全国 31 个省区市,天然林商业性采伐由停伐减产到全面停止,累计减少天然林采伐 3.32 亿立方米,天然林保护修复体系和制度体系全面建立。工程建设取得了显著的生态、经济、社会效益,实现了预期目标。和工程启动前相比,天然林面积增加 3.23 亿亩、蓄积增加 53 亿立方米。天然林单位面积年涵养水源量、固沙固土量分别比工程启动前提高了 53% 和 46%。通过实施天然林保护修复工程,天然林生态系统有效恢复,促进了野生动物栖息地环境的改善。此外,林区民生得到持续改善,人民群众植绿护绿,生态保护意识明显提升。2019年1月,中央深改委审议通过了《天然林保护修复制度方案》,标志着我国天然林保护由区域性、阶段性工程转变为全面性、长期性公益事业。

上述财政支持政策的实施,不仅有利于农业农村的可持续发展,有利于增加农民的收入,更有利于有效遏制水土流失,促进我国整体经济的可持续发展。

(二) 实施草原生态保护补助奖励机制政策

我国草原总面积达 4 亿公顷,占国土总面积的 41%,但其中可利用面积约为 3 亿公顷,并且长期以来,由于对草原面积的不合理利用以及投入太少,草原退化问题非常严峻。据统计,我国百分之九十的可利用天然草原有着不同程度的退化,荒漠化面积不断增加。草原生态环境持续恶化,不仅制约着草原畜牧业发展,影响农民收入增加,而且直接威胁到国家生态安全,因此,实施草原生态保护机制尤为紧迫与重要。从 1985 年的《中华人民共和国草原法》到 2003 年新《中华人民共和国草原法》的实施，在法律上保障了草原生态环境的可持续发展。但是近年来，对草原的不合理利用，并且资金投入不足等原因，导致我国草原退化严重，可利用面积逐渐减少，生态功能渐趋衰弱，同时，也影响了牧民收入的增加。2011 年，中央安排 136 亿元财政资金在内蒙古、新疆、甘肃、青海、宁夏、西藏、云南、四川及新疆生产建设兵团实施草原生态保护补助奖励机制政策，对牧民草原禁牧补助、草畜平衡奖励、牧民生产资料补贴等政策措施。2018 年，中央财政又安排了新一轮草原生态保护补助奖励 187.6 亿元，支持实施禁牧面积 12.06 亿亩，草畜平衡面积 26.05 亿亩，并对工作突出、成效显著的地区给予奖励，由地方政府统筹用于草原管护、推进牧区生产方式转型升级。

以内蒙古为例，2016～2023 年，中央财政连续 8 年下达内蒙古草原生态保护补奖资金，每年 45.75 亿元。此项补奖政策涉及全区 12 盟市（含 2 个计划单列市），凡持有草原承包经营权证或签订了草原承包经营合同的农牧民和国有农、牧、林场员工，均可享受草原生态保护补奖。草原生态保护补奖区域分为草畜平衡区和禁牧区。划定为草畜平衡区的草原，根据其承载能力核定合理载畜量，实施草畜平衡管理，对履行草畜平衡责任（实现草畜平衡）的农牧民和国有农、牧、林场员工，给予草畜平衡奖励。划定为禁牧区的草原，对履行禁牧责任（实现禁牧）的农牧民和国有农、牧、林场员工，给予禁牧补助。

草原生态保护补助奖励机制政策的实施，有利于遏制草原生态环境的恶化，改善生态环境，也利于草原保护建设工程的实施，在促进草原生态环境可持续发展的同时进一步提升了农牧民的收入水平。

（三）不断增加预防和治理农村水土流失的财政资金投入

《中华人民共和国水土保持法》，为预防和治理水土流失提供了法律保障。防治水土流失的措施，可以改变山区及丘陵地带荒漠化的面貌，治理江河，减少水、旱、风沙灾害，建立良好的生态环境，也是国土整治的一项重要内容。我国在1982年颁布了《水土保持工作条例》，国务院及其有关部门和地方人民政府还制定了许多专门的水土保持规定。这些法律文件，对水土保持的任务、措施和组织管理等作了具体规定，对加强水土保持工作，防治水土流失，保护生态环境，起到了积极作用。1991年，我国制定了《中华人民共和国水土保持法》，规定对水土流失应采取的预防和治理措施。2011年3月1日，新修订的《中华人民共和国水土保持法》正式施行及2011年"中央一号文件"的颁布，为水土保持事业发展带来新机遇。"水利部共审批水土保持方案245个，建设单位投入水土保持资金285.7亿元，涉及防治责任范围3896.74平方公里，减少人为水土流失 4277.5 万吨。""国家安排中央投资 34.48 亿元,继续以长江、黄河上中游、东北黑土区、西南石漠化等水土流失严重区域为重点,着力推进国家水土保持重点工程建设。"此外,国家还制定了水土保持监测系统,全面启动了《全国水土保持规划》编制工作,对水土保持情况进行普查。国家在财力上对水土保持工作予以大力支持。

据智研咨询发布的《2022~2028 年中国水土流失治理行业市场深度评估及投资机会预测报告》显示,2020 年,中国完成水土流失治理面积 6.43 万平方公里。其中,新修基本农田(包括坡改梯)37.68 万公顷;营造水土保持林 141.09 万公顷;经济果木林 63.9 万公顷;种草 39.85 万公顷;封禁治理 214.37 万公顷;保土耕作等治理面积 146.17 万公顷。2021 年,国家水土保持重点工程又安排中央资金 76.93 亿元,较 2020 年增长 7.13 亿元。这些财政资金的支持,无疑大大改善了我国水土流失的状况,为农业生产和农民生活提升作出了巨大的贡献。

第四章

我国近年来财政支农政策性文件概览

财政支农的全国性政策文件

——1978 年以来中央发布的第一份文件概述

1949 年 10 月 1 日，中华人民共和国中央人民政府开始发布《第一号文件》。此后，每年发布的中央第一份文件中所提到的问题就是中央全年需要重点解决，也是国家亟须解决的首要问题，从一个侧面反映出了解决问题的难度。我国是个农业大国，同时也是个农业弱国，农民在全国人口总数中占绝大比例，农民的平均生活水平在全国处于较低水平。而农村的发展问题千头万绪、错综复杂，随着对"三农"问题重视程度的日益提升，每年中央发布的第一份文件已经成为中共中央关注"三农"问题的代名词。中共中央、国务院在 1982 年至 1986 年连续五年发布以农业、农村和农民为主题的中共中央、国务院第一份文件，对农村改革和农业发展作出具体部署。2004 年至 2023 年，又连续二十年发布以农业、农村、农民为主题的中央文件，强调了"三农"问题在中国的社会主义现代化时期"重中之重"的地位。值得注意的是，进入 20 世纪以来，中央政府对财政支农的重视力度日益提升，自 2004 年，第六个文件开始。之后，每年的中央第一份文件都会特别提及和强调财政支农的问题。本书对 1978 年以来中共中央第一份文件做一个粗略的梳理和总结，其中着重对 2004 年开始的涉及财政支农问题的中央政策文件加以介绍。

（1）1982 年 1 月，中共中央批转 1981 年 12 月的《全国农村工作会议纪要》，对迅速推开的农村改革进行了总结。文件明确指出包产到户、包干到户或大包干"都是社会主义生产责任制"，同时还说明它"不同于合作化以前的小私有的个体经济，而是社会主义农业经济的组成部分"，从中央层面明确了农村土地包产到户制度的经济性质。

（2）1983 年 1 月，中共中央、国务院发布《当前农村经济政策的若干问题》。从理论上说明了家庭联产承包责任制"是在党的领导下中国农民的伟大创造，是马克思主义农业合作化理论在我国实践中的新发展"。

（3）1984 年 1 月，中共中央、国务院发布《关于 1984 年农村工作的通知》。文件强调要继续稳定和完善联产承包责任制，规定土地承包期一般应在 15 年以上，生产周期长的和开发性的项目，承包期应更长一些。

（4）1985 年 1 月，中共中央、国务院、国务院发布《关于进一步活跃农村经济的十项政策》，取消了 30 年来农副产品统购派购的制度，对粮、棉等少数重要产品采取国家计划合同收购的新政策。

（5）1986 年 1 月，中共中央、国务院发布《关于一九八六年农村工作的部署》，肯定了农村改革的方针政策是正确的，必须继续贯彻执行。

（6）2004 年 1 月，针对全国农民人均纯收入连续增长速度缓慢的情况，中共中央、国务院公布《中共中央国务院关于促进农民增加收入若干政策的意见》。此次文件特别提出：当前和今后一个时期做好农民增收工作的总体要求是，各级党委和政府要认真贯彻党的十六大和十六届三中全会精神，牢固树立科学发展观，按照统筹城乡经济社会发展的要求，坚持"多予、少取、放活"的方针，调整农业结构，扩大农民就业；加快科技进步，深化农村改革，增加农业投入，强化对农业支持保护，力争实现农民收入较快增长，尽快扭转城乡居民收入差距不断扩大的趋势。值得注意的是，在此次文件中多次强调运用增加财政支农投入、税收优惠、财政贴息等手段的重要性。

（7）2005年1月，《中共中央 国务院关于进一步加强农村工作提高农业综合生产能力若干政策的意见》公布。此次文件要求，坚持"多予少取放活"的方针，稳定、完善和强化各项支农政策。指出当前和今后一个时期，要把加强农业基础设施建设、加快农业科技进步、提高农业综合生产能力，作为一项重大而紧迫的战略任务，切实抓紧抓好。特别提出要进一步放宽农业和农村基础设施投资领域，采取贴息、补助、税收等措施，发挥国家农业资金投入的导向作用，鼓励社会资本积极投资开发农业和建设农村基础设施。逐步降低中西部地区对涉农固定资产投资的资金配套比例，不得采取加重农民负担的方式进行资金配套。继续加大国家农业资金投入的整合力度，鼓励以县为单位，通过规划引导、统筹安排、明确职责、项目带动等方式整合投资，提高资金使用效率。

（8）2006年1月，中共中央、国务院下发《中共中央 国务院关于推进社会主义新农村建设的若干意见》，指出中共十六届五中全会提出的社会主义新农村建设的重大历史任务将迈出有力的一步。在财政支农政策措施上，此次文件特别提出：要加快建立以工促农、以城带乡的长效机制。顺应经济社会发展阶段性变化和建设社会主义新农村的要求，坚持"多予少取放活"的方针，重点在"多予"上下功夫。调整国民收入分配格局，国家财政支出、预算内固定资产投资和信贷投放，要按照存量适度调整、增量重点倾斜的原则，不断增加对农业和农村的投入。扩大公共财政覆盖农村的范围，建立健全财政支农资金稳定增长机制，逐步形成新农村建设稳定的资金来源。要把国家对基础设施建设投入的重点转向农村。

此次文件特别提出，要依法严格收缴土地出让金和新增建设用地有偿使用费。土地出让金用于农业土地开发的部分和新增建设用地有偿使用费安排的土地开发整理项目，都要将小型农田水利设施建设作为重要内容，建设标准农田。进一步加大支农资金整合力度，提高资金使用效率。同时，针对农业科技研发，此次文件中还进一步提出，要把农业科研投入放在公共财政支持的优先位置，提高农业科技在国家科技投入中的比重。

（9）2007年1月，中共中央、国务院发布《中共中央　国务院关于积极发展现代农业扎实推进社会主义新农村建设的若干意见》。文件指出，发展现代农业是社会主义新农村建设的首要任务，要用现代物质条件装备农业，用现代科学技术改造农业，用现代产业体系提升农业，用现代经营形式推进农业，用现代发展理念引领农业，用培养新型农民发展农业，提高农业水利化、机械化和信息化水平，提高土地产出率、资源利用率和农业劳动生产率，提高农业素质、效益和竞争力。

值得注意的是，此次文件在第一条就明确提出：加大对"三农"的投入力度，建立促进现代农业建设的投入保障机制，要求大幅度增加对"三农"的投入。提出各级政府要切实把基础设施建设和社会事业发展的重点转向农村，国家财政新增教育、卫生、文化等事业经费和固定资产投资增量主要用于农村，逐步加大政府土地出让收入用于农村的比重。要建立"三农"投入稳定增长机制，积极调整财政支出结构、固定资产投资结构和信贷投放结构，中央和县级以上地方财政每年对农业总投入的增长幅度应当高于其财政经常性收入的增长幅度，尽快形成新农村建设稳定的资金来源。此外，文件还进一步提出了要健全农业支持补贴制度。

在社会保险领域，此次文件还明确了建立农业风险防范机制的要求。提出要加强自然灾害和重大动植物病虫害预测预报和预警应急体系建设，提高农业防灾减灾能力。积极发展农业保险，按照政府引导、政策支持、市场运作、农民自愿的原则，建立完善农业保险体系。扩大农业政策性保险试点范围，各级财政对农户参加农业保险给予保费补贴，完善农业巨灾风险转移分摊机制，探索建立中央、地方财政支持的农业再保险体系。文件特别提出要综合运用税收、补助、参股、贴息、担保等手段，为社会力量投资建设现代农业创造良好环境。

（10）2008年1月，《中共中央 国务院关于切实加强农业基础建设进一步促进农业发展农民增收的若干意见》公布。提出了2008年和今后一个时期，农业和农村工作的总体要求是：全面贯彻党的十七大精神，高举中国特色社会主义伟大旗帜，以邓小平理论和"三个代表"重要思想为指导，深入贯彻落实科学发展观，按照形成城乡经济社会发展一体化新格局的要求，突出加强农业基础建设，积极促进农业稳定发展、农民持续增收，努力保障主要农产品基本供给，切实解决农村民生问题，扎实推进社会主义新农村建设。此次文件主要内容包括：加快构建强化农业基础的长效机制；切实保障主要农产品基本供给；突出抓好农业基础设施建设；着力强化农业科技和服务体系基本支撑；逐步提高农村基本公共服务水平；稳定完善农村基本经营制度和深化农村改革；扎实推进农村基层组织建设；加强和改善党对"三农"工作的领导。在上述各个方面，文件都明确了政府财政支农的决心和政策举措。

在对上述各个重点内容的落实方面，都提出了财政支持的具体措施。尤其值得注意的是，本次文件特别关注了涉及农村民生事业的财政支持问题，包括高度重视发展农村义务教育，推动建立以城带乡、整体推进、城乡一体、均衡发展的义务教育发展机制；健全覆盖城乡的公共就业服务体系，大规模开展职业技能培训，促进农民工多渠道转移就业，提高就业质量；深化户籍制度改革，促进有条件、有意愿、在城镇有稳定就业和住所的农业转移人口在城镇有序落户，依法平等享受城镇公共服务；加强扶持引导服务，实施乡村就业创业促进行动，大力发展文化、科技、旅游、生态等乡村特色产业，振兴传统工艺；培育一批家庭工场、手工作坊、乡村车间，鼓励在乡村地区兴办环境友好型企业，实现乡村经济多元化，提供更多就业岗位；拓宽农民增收渠道，鼓励农民勤劳守法致富，增加农村低收入者收入，扩大农村中等收入群体，保持农村居民收入增速快于城镇居民等。

（11）2009年2月，中共中央、国务院发布《中共中央 国务院关于2009年促进农业稳定发展农民持续增收的若干意见》。本次文件明确指出扩大国内需求，最大潜力在农村；实现经济平稳较快发展，基础支撑在农业；保障和改善民生，重点难点在农民。强调要把保持农业农村经济平稳较快发展作为首要任务，围绕稳粮、增收、强基础、重民生，进一步强化惠农政策，增强科技支撑，加大投入力度，优化产业结构，推进改革创新，千方百计保证国家粮食安全和主要农产品有效供给；千方百计促进农民收入持续增长，为经济社会又好又快发展继续提供有力保障。《意见》共分5部分。包括加大对农业的支持保护力度；稳定发展农业生产；强化现代农业物质支撑和服务体系；稳定完善农村基本经营制度；推进城乡经济社会发展一体化。

（12）2010年1月，中共中央、国务院发布《中共中央、国务院关于加大统筹城乡发展力度，进一步夯实农业农村发展基础的若干意见》。文件推出了一系列含金量高的强农惠农新政策,强力推动资源要素向农村配置是其中最大亮点。在保持政策连续性、稳定性的基础上,进一步完善、强化近年来"三农"工作的好政策,提出了一系列新的重大原则和措施。此次文件在第一条就明确提出了加大对农业的支持保护力度的政策方针。具体的财政支农措施包括:进一步增加农业农村投入;较大幅度增加农业补贴;保持农产品价格合理水平,避免农产品价格下行,防止谷贱伤农,保障农业经营收入稳定增长;加大力度扶持粮食生产;提出要继续增加一般性转移支付和产粮大县奖励补助等资金,优先安排农业基础设施建设投资和农业综合开发等资金,扶持粮食产业和龙头企业发展。

此次文件还特别提出要扶持农民专业合作社和龙头企业发展,加快发展农民专业合作社,开展示范社建设行动。加强合作社人员培训,各级财政给予经费支持,将合作社纳入税务登记系统,免收税务登记工本费。这对于未来新型农村合作经济组织的发展和制度探索提供了政策上的有力支持。此外,此次文件还提出,要"着力解决新生代农民工问题",这是党的文件中第一次使用"新生代农民工"这个词,传递出中央对约占农民工总数60%的"80后""90后"农民工的高度关切。

(13)2011年1月,中共中央、国务院发布《关于加快水利改革发展的决定》,特别强调和关注加快水利发展,切实增强水利支撑保障能力，实现水资源可持续利用的问题。指出近年来我国频繁发生的严重水旱灾害，造成重大生命财产损失，暴露出农田水利等基础设施十分薄弱，必须大力加强水利建设。特别提出了突出加强农田水利等薄弱环节建设的问题，强调大兴农田水利建设。提出到2020年，基本完成大型灌区、重点中型灌区续建配套和节水改造任务的战略目标。

文件指出要继续推进农村饮水安全建设。到2013年解决规划内农村饮水安全问题，"十二五"期间基本解决新增农村饮水不安全人口的饮水问题。强调要加大公共财政对水利的投入。多渠道筹集资金，力争今后10年全社会水利年平均投入比2010年高出一倍。发挥政府在水利建设中的主导作用，将水利作为公共财政投入的重点领域。各级财政对水利投入的总量和增幅要有明显提高。进一步提高水利建设资金在国家固定资产投资中的比重。大幅度增加中央和地方财政专项水利资金。从土地出让收益中提取10%用于农田水利建设，充分发挥新增建设用地土地有偿使用费等土地整治资金的综合效益。进一步完善水利建设基金政策，延长征收年限，拓宽来源渠道，增加收入规模。完善水资源有偿使用制度，合理调整水资源费征收标准，扩大征收范围，严格征收、使用和管理。有重点防洪任务和水资源严重短缺的城市要从城市建设维护税中划出一定比例用于城市防洪排涝和水源工程建设，切实加强水利投资项目和资金监督管理。

（14）2012年2月，中共中央、国务院发布《关于加快推进农业科技创新持续增强农产品供给保障能力的若干意见》。指出：实现农业持续稳定发展、长期确保农产品有效供给，根本出路在科技。农业科技是确保国家粮食安全的基础支撑，是突破资源环境约束的必然选择，是加快现代农业建设的决定力量，具有显著的公共性、基础性、社会性。必须把农业科技摆上更加突出的位置，下决心突破体制机制障碍，大幅度增加农业科技投入，推动农业科技跨越发展，为农业增产、农民增收、农村繁荣注入强劲动力。提出六项工作重点，一是加大投入强度和工作力度，持续推动农业稳定发展；二是依靠科技创新驱动，引领支撑现代农业建设；三是提升农业技术推广能力，大力发展农业社会化服务；四是加强教育科技培训，全面造就新型农业农村人才队伍；五是改善设施装备条件，不断夯实农业发展物质基础；六是提高市场流通效率，切实保障农产品稳定均衡供给。强调提出要加大农业投入和补贴力度。持续加大财政用于"三农"的支出，持续加大国家固定资产投资对农业农村的投入，持续加大农业科技投入，确保增量和比例均有提高。发挥政府在农业科技投入中的主导作用，保证财政农业科技投入增幅明显高于财政经常性收入增幅，逐步提高农业研发投入占农业增加值的比重，建立投入稳定增长的长效机制。

同时，文件强调继续加大农业补贴强度，新增补贴向主产区、种养大户、农民专业合作社倾斜。提高对种粮农民的直接补贴水平。落实农资综合补贴动态调整机制，适时增加补贴。加大村级公益事业建设一事一议财政奖补力度，积极引导农民和社会资金投入"三农"。有效整合国家投入，提高资金使用效率。切实加强财政"三农"投入和补贴资金使用监管，坚决制止、严厉查处虚报冒领、截留挪用等违法违规行为。

（15）2013年1月，中共中央、国务院发布《关于加快发展现代农业进一步增强农村发展活力的若干意见》，指出：全面贯彻落实党的十八大精神，坚定不移沿着中国特色社会主义道路前进，为全面建成小康社会而奋斗，必须固本强基，始终把解决好农业农村农民问题作为全党工作重中之重，把城乡发展一体化作为解决"三农"问题的根本途径；必须统筹协调，促进工业化、信息化、城镇化、农业现代化同步发展，着力强化现代农业基础支撑，深入推进社会主义新农村建设。重点在于这几个方面：一是要建立重要农产品供给保障机制，努力夯实现代农业物质基础；健全农业支持保护制度，不断加大强农惠农富农政策力度；二是要创新农业生产经营体制，稳步提高农民组织化程度；三是要构建农业社会化服务新机制，大力培育发展多元服务主体；四是改革农村集体产权制度，有效保障农民财产权利；五是改进农村公共服务机制，积极推进城乡公共资源均衡配置；六是要完善乡村治理机制，切实加强以党组织为核心的农村基层组织建设。此次文件特别强调要加大农业补贴力度。按照增加总量、优化存量、用好增量、加强监管的要求，不断强化农业补贴政策，完善主产区利益补偿、耕地保护补偿、生态补偿办法，加快让农业获得合理利润、让主产区财力逐步达到全国或全省平均水平。继续增加农业补贴资金规模，新增补贴向主产区和优势产区集中，向专业大户、家庭农场、农民合作社等新型生产经营主体倾斜。落实好对种粮农民直接补贴、良种补贴政策，扩大农机具购置补贴规模，推进农机以旧换新试点。完善农资综合补贴动态调整机制，逐步扩大种粮大户补贴试点范围。继续实施农业防灾减灾稳产增产关键技术补助和土壤有机质提升补助，支持开展农作物病虫害专业化统防统治，启动低毒低残留农药和高效缓释肥料使用补助试点。完善畜牧业生产扶持政策，支持发展肉牛肉羊，落实远洋渔业补贴及税收减免政策。增加产粮（油）大县奖励资金，实施生猪调出大县奖励政策，研究制定粮食作物制种大县奖励政策，增加农业综合开发财政资金投入。提出现代农业生产发展资金要重点支持粮食及地方优势特色产业加快发展。

（16）2014 年 1 月，中共中央、国务院发布《关于全面深化农村改革加快推进农业现代化的若干意见》。文件指出，2014 年及今后一个时期，农业农村工作要力争在体制机制创新上取得新突破，在现代农业发展上取得新成就，在社会主义新农村建设上取得新进展，为保持经济社会持续健康发展提供有力支撑。重点包括：完善国家粮食安全保障体系、强化农业支持保护制度、建立农业可持续发展长效机制、深化农村土地制度改革、构建新型农业经营体系、加快农村金融制度创新、健全城乡发展一体化体制机制、改善乡村治理机制。这份文件有三大亮点：一是鼓励农户流转土地经营权；二是扶持新型农业经营主体；三是强调农户家庭经营是基本面。在财政支农方面，本次文件特别强调，①健全"三农"投入稳定增长机制。完善财政支农政策，增加"三农"支出；②完善农业补贴政策；③加快建立利益补偿机制；④整合和统筹使用涉农资金。

（17）2015年2月，中共中央、国务院发布《关于加大改革创新力度加快农业现代化建设的若干意见》。文件指出：2015年，农业农村工作要主动适应经济发展新常态，按照稳粮增收、提质增效、创新驱动的总要求，继续全面深化农村改革，全面推进农村法治建设，推动新型工业化、信息化、城镇化和农业现代化同步发展，努力在提高粮食生产能力上挖掘新潜力，在优化农业结构上开辟新途径，在转变农业发展方式上寻求新突破，在促进农民增收上获得新成效，在建设新农村道路上迈出新步伐，为经济社会持续健康发展提供有力支撑。着重做好这几个方面工作。一是围绕建设现代农业，加快转变农业发展方式；二是围绕促进农民增收，加大惠农政策力度；三是围绕城乡发展一体化，深入推进新农村建设；四是围绕增添农村发展活力，全面深化农村改革；五是围绕做好"三农"工作，加强农村法治建设。在财政支农方面，本次文件特别强调这几点：①优先保证农业农村投入；②提高农业补贴政策效能；③完善农产品价格形成机制；④加大农村基础设施建设力度；⑤提升农村公共服务水平。

　　（18）2016年1月，中共中央、国务院发布《关于落实发展新理念加快农业现代化　实现全面小康目标的若干意见》，指出：我国农业农村发展环境发生重大变化，既面临诸多有利条件，又必须加快破解各种难题。在受国际农产品市场影响加深背景下，如何统筹利用国际国内两个市场、两种资源，提升我国农业竞争力，赢得参与国际市场竞争的主动权，是必须应对的重大挑战。农业是全面建成小康社会、实现现代化的基础。一定要切实增强做好"三农"工作的责任感、使命感、紧迫感，任何时候都不能忽视农业、忘记农民、淡漠农村，在认识的高度、重视的程度、投入的力度上保持好势头，始终把解决好"三农"问题作为全党工作重中之重，坚持强农惠农富农政策不减弱，推进农村全面小康建设不松劲，加快发展现代农业，加快促进农民增收，加快建设社会主义新农村，不断巩固和发展农业农村好形势。主要内容包括：一是持续夯实现代农业基础，提高农业质量效益和竞争力；二是加强资源保护和生态修复，推动农业绿色发展；三是推进农村产业融合，促进农民收入持续较快增长；四是推动城乡协调发展，提高新农村建设水平；五是深入推进农村改革，增强农村发展内生动力；六是加强和改善党对"三农"工作领导。在以上各个方面，都提及要加强财政对农业发展的资金支持。

（19）2017年2月，中共中央、国务院发布《关于深入推进农业供给侧结构性改革，加快培育农业农村发展新动能的若干意见》，指出：要坚持新发展理念，协调推进农业现代化与新型城镇化，以推进农业供给侧结构性改革为主线，围绕农业增效、农民增收、农村增绿，加强科技创新引领，加快结构调整步伐，加大农村改革力度，提高农业综合效益和竞争力，推动社会主义新农村建设取得新的进展，力争农村全面小康建设迈出更大步伐。重点做好这几方面的工作：①优化产品产业结构，着力推进农业提质增效；②推行绿色生产方式，增强农业可持续发展能力；③壮大新产业新业态，拓展农业产业链价值链；④强化科技创新驱动，引领现代农业加快发展；⑤补齐农业农村短板，夯实农村共享发展基础；⑥加大农村改革力度，激活农业农村内生发展动力。本次文件在财政支农方面特别关注这几方面：①提升农村基本公共服务水平。②扎实推进脱贫攻坚。③深化粮食等重要农产品价格形成机制和收储制度改革。④完善农业补贴制度。⑤改革财政支农投入机制。

（20）2018年2月，中共中央、国务院发布《中共中央 国务院关于实施乡村振兴战略的意见》。指出：要加强党对"三农"工作的领导，坚持稳中求进工作总基调，牢固树立新发展理念，落实高质量发展的要求，紧紧围绕统筹推进"五位一体"总体布局和协调推进"四个全面"战略布局；坚持把解决好"三农"问题作为全党工作重中之重，坚持农业农村优先发展，按照产业兴旺、生态宜居、乡风文明、治理有效、生活富裕的总要求，建立健全城乡融合发展体制机制和政策体系，统筹推进农村经济建设、政治建设、文化建设、社会建设、生态文明建设和党的建设，加快推进乡村治理体系和治理能力现代化，加快推进农业农村现代化；走中国特色社会主义乡村振兴道路，让农业成为有奔头的产业，让农民成为有吸引力的职业，让农村成为安居乐业的美丽家园。

按照党的十九大提出的决胜全面建成小康社会、分两个阶段实现第二个百年奋斗目标的战略安排，实施乡村振兴战略的目标任务是：到2020年，乡村振兴取得重要进展，制度框架和政策体系基本形成。农业综合生产能力稳步提升，农业供给体系质量明显提高，农村一二三产业融合发展水平进一步提升；到2035年，乡村振兴取得决定性进展，农业农村现代化基本实现。到2050年，乡村全面振兴，农业强、农村美、农民富全面实现。提高农村民生保障水平，塑造美丽乡村新风貌。

本次文件对于财政支农的重点主要放在改善农村民生和加快农村贫困人口脱贫两个方面。对于改善农村民生的财政支持重点主要放在：一是优先发展农村教育事业；二是促进农村劳动力转移就业和农民增收；三是推动农村基础设施提档升级；四是加强农村社会保障体系建设；五是推进健康乡村建设；六是持续改善农村人居环境。在打好农村精准脱贫攻坚战、增强贫困群众获得感方面，财政扶持的重点主要集中在：一是瞄准贫困人口精准帮扶；二是聚焦深度贫困地区集中发力；三是激发贫困人口内生动力；四是强化脱贫攻坚责任和监督。

（21）2019 年 2 月，中共中央、国务院发布《关于坚持农业农村优先发展　做好"三农"工作的若干意见》，指出：今明两年是全面建成小康社会的决胜期，"三农"领域有不少必须完成的硬任务。党中央认为，在经济下行压力加大、外部环境发生深刻变化的复杂形势下，做好"三农"工作具有特殊重要性。必须坚持把解决好"三农"问题作为全党工作重中之重不动摇，进一步统一思想、坚定信心、落实工作，巩固发展农业农村好形势，发挥"三农"压舱石作用，为有效应对各种风险挑战赢得主动，为确保经济持续健康发展和社会大局稳定、如期实现第一个百年奋斗目标奠定基础。此次文件提出，一要聚力精准施策，决战决胜脱贫攻坚，不折不扣完成脱贫攻坚任务；二要夯实农业基础，保障重要农产品有效供给，稳定粮食产量，完成高标准农田建设任务，调整优化农业结构，加快突破农业关键核心技术，实施重要农产品保障战略；三要扎实推进乡村建设，加快补齐农村人居环境和公共服务短板，抓好农村人居环境整治三年行动，实施村庄基础设施建设工程，提升农村公共服务水平，加强农村污染治理和生态环境保护，强化乡村规划引领，加强农村建房许可管理；四要发展壮大乡村产业，拓宽农民增收渠道，加快发展乡村特色产业，大力发展现代农产品加工业，发展乡村新型服务业，实施数字乡村战略，促进农村劳动力转移就业，支持乡村创新创业；五要全面深化农村改革，激发乡村发展活力，巩固和完善农村基本经营制度，深化农村土地制度改革，深入推进农村集体产权制度改革，完善农业支持保护制度，加快构建新型农业补贴政策体系；六要完善乡村治理机制，保持农村社会和谐稳定，增强乡村治理能力，加强农村精神文明建设，持续推进平安乡村建设；七要发挥农村党支部战斗堡垒作用，全面加强农村基层组织建设，强化农村基层党组织领导作用，发挥村级各类组织作用，强化村级组织服务功能，完善村级组织运转经费保障机制；八要加强党对"三农"工作的领导，落实农业农村优先发展总方针，强化五级书记抓乡村振兴的制度保障，牢固树立农业农村优先发展政策导向，培养懂农业、爱农村、爱农民的"三农"工作队伍，发挥好农民主体作用，让农民更多参与并从中获益。

（22）2020年1月，中共中央、国务院发布《关于抓好"三农"领域重点工作确保如期实现全面小康的意见》。指出：农业农村改革发展的实践证明，党中央制定的方针政策是完全正确的，今后一个时期要继续贯彻执行。特别强调，2020年是全面建成小康社会目标实现之年，是全面打赢脱贫攻坚战收官之年。党中央认为，完成上述两大目标任务，脱贫攻坚最后堡垒必须攻克，全面小康"三农"领域突出短板必须补上。小康不小康，关键看老乡。脱贫攻坚质量怎么样、小康成色如何，很大程度上要看"三农"工作成效。全党务必深刻认识做好2020年"三农"工作的特殊重要性，毫不松懈，持续加力，坚决夺取第一个百年奋斗目标的全面胜利。为了完成这一目标，此次文件提出，一要坚决打赢脱贫攻坚战；二要对标全面建成小康社会加快补上农村基础设施和公共服务短板；三要保障重要农产品有效供给和促进农民持续增收；四要加强农村基层治理；五要强化农村补短板保障措施。

（23）2021年1月，中共中央、国务院发布《关于全面推进乡村振兴加快农业农村现代化的意见》。指出："十三五"时期，现代农业建设取得重大进展，乡村振兴实现良好开局。粮食年产量连续保持在1.3万亿斤以上，农民人均收入较 2010 年翻一番多。新时代脱贫攻坚目标任务如期完成，现行标准下农村贫困人口全部脱贫，贫困县全部摘帽，易地扶贫搬迁任务全面完成，消除了绝对贫困和区域性整体贫困，创造了人类减贫史上的奇迹。农村人居环境明显改善，农村改革向纵深推进，农村社会保持和谐稳定，农村即将同步实现全面建成小康社会目标。农业农村发展取得新的历史性成就，为党和国家战胜各种艰难险阻、稳定经济社会发展大局，发挥了"压舱石"作用。实践证明，以习近平同志为核心的党中央驰而不息重农强农的战略决策完全正确，党的"三农"政策得到亿万农民衷心拥护。"十四五"时期，是乘势而上开启全面建设社会主义现代化国家新征程、向第二个百年奋斗目标进军的第一个五年。民族要复兴，乡村必振兴。要坚持把解决好"三农"问题作为全党工作的重中之重，把全面推进乡村振兴作为实现中华民族伟大复兴的一项重大任务，举全党全社会之力加快农业农村现代化，让广大农民过上更加美好的生活。

值得注意的是，此次文件提出了乡村振兴的具体目标任务，即到 2025 年，农业农村现代化取得重要进展，农业基础设施现代化迈上新台阶，农村生活设施便利化初步实现，城乡基本公共服务均等化水平明显提高。农业基础更加稳固，粮食和重要农产品供应保障更加有力，农业生产结构和区域布局明显优化，农业质量效益和竞争力明显提升，现代乡村产业体系基本形成，有条件的地区率先基本实现农业现代化。脱贫攻坚成果巩固拓展，城乡居民收入差距持续缩小。农村生产生活方式绿色转型取得积极进展，化肥农药使用量持续减少，农村生态环境得到明显改善。乡村建设行动取得明显成效，乡村面貌发生显著变化，乡村发展活力充分激发，乡村文明程度得到新提升，农村发展安全保障更加有力，农民获得感、幸福感、安全感明显提高。为了实现这一目标，文件要求，一要实现巩固拓展脱贫攻坚成果同乡村振兴有效衔接；二要加快推进农业现代化；三要大力实施乡村建设行动；四要加强党对"三农"工作的全面领导。

（24）2022年1月，中共中央、国务院发布《2022年全面推进乡村振兴重点工作的意见》，指出：2022年的工作重点仍然落实在推进乡村振兴上。做好2022年"三农"工作，要以习近平新时代中国特色社会主义思想为指导，全面贯彻党的十九大和十九届历次全会精神，深入贯彻中央经济工作会议精神，坚持稳中求进工作总基调，立足新发展阶段、贯彻新发展理念、构建新发展格局、推动高质量发展，促进共同富裕；坚持和加强党对"三农"工作的全面领导，牢牢守住保障国家粮食安全和不发生规模性返贫两条底线，突出年度性任务、针对性举措、实效性导向，充分发挥农村基层党组织领导作用，扎实有序做好乡村发展、乡村建设、乡村治理重点工作，推动乡村振兴取得新进展、农业农村现代化迈出新步伐。此次文件还要求，一要全力抓好粮食生产和重要农产品供给；二要强化现代农业基础支撑；三要坚决守住不发生规模性返贫底线；四要聚焦产业促进乡村发展；五要扎实稳妥推进乡村建设；六要突出实效改进乡村治理；七要加大政策保障和体制机制创新力度；八要坚持和加强党对"三农"工作的全面领导。

（25）2023 年 1 月，中共中央、国务院发布《关于做好 2023 年全面推进乡村振兴重点工作的意见》，继续推动乡村振兴工作。此次文件指出：党的二十大擘画了以中国式现代化全面推进中华民族伟大复兴的宏伟蓝图。全面建设社会主义现代化国家，最艰巨最繁重的任务仍然在农村。世界百年未有之大变局加速演进，我国发展进入战略机遇和风险挑战并存、不确定难预料因素增多的时期，守好"三农"基本盘至关重要、不容有失。党中央认为，必须坚持不懈把解决好"三农"问题作为全党工作中的重中之重，举全党全社会之力全面推进乡村振兴，加快农业农村现代化。强国必先强农，农强方能国强。要立足国情农情，体现中国特色，建设供给保障强、科技装备强、经营体系强、产业韧性强、竞争能力强的农业强国。做好 2023 年和今后一个时期"三农"工作，要坚持以习近平新时代中国特色社会主义思想为指导，全面贯彻落实党的二十大精神，深入贯彻落实习近平总书记关于"三农"工作的重要论述；坚持和加强党对"三农"工作的全面领导，坚持农业农村优先发展，坚持城乡融合发展，强化科技创新和制度创新，坚决守牢确保粮食安全、防止规模性返贫等底线；扎实推进乡村发展、乡村建设、乡村治理等重点工作，加快建设农业强国，建设宜居宜业和美乡村，为全面建设社会主义现代化国家开好局起好步打下坚实基础。

此次文件指出了2023年乡村振兴的工作重点包括：一是抓紧抓好粮食和重要农产品稳产保供；二是加强农业基础设施建设；三是强化农业科技和装备支撑；四是巩固拓展脱贫攻坚成果；五是推动乡村产业高质量发展；六是拓宽农民增收致富渠道；七是扎实推进宜居宜业和美乡村建设；八是健全党组织领导的乡村治理体系；九是强化政策保障和体制机制创新。

第二节
财政支农的地方性政策文件

在中央政府财政支农政策导向和具体措施的指导下，各级地方政府也结合本地区特点，纷纷出台了财政支农的具体政策措施。下文按照时间顺序，列举近年来若干省、市级政府有代表性的财政支农政策文件。通过这些文件，可以看出地方政府执行中央决策，因地制宜地制定适合本地区财政支农政策措施的决心和力度，也可以从一个侧面看出我国政府财政支农政策重点和具体内容的发展变化轨迹。

一、部分省级政府财政支农政策文件

（1）2009 年 4 月 14 日，安徽省财政厅印发了《关于全面推行财政支农资金整合工作的通知》，在总结近年来各地试点工作基础上，按照省委文件要求和财政部开展财政支农资金整合工作的部署，为深入推进安徽省财政支农资金整合工作，安徽省财政厅决定从 2009 年起，在全省范围全面推行财政支农资金整合工作，围绕各级党委、政府确定的农业和农村工作发展规划，通过建立健全政府主导、财政协调、部门参与的工作联动机制，实现多层次相结合的支农资金整合局面，逐步形成立项科学、分配规范、使用高效、运行安全的资金管理机制，切实提高财政支农资金使用效益。

（2）2009 年 8 月 17 日，上海市农业委员会印发了《2009 年上海市财政支农资金项目专项检查工作方案》，提出进一步加强财政支农资金安全管理，确保财政支农项目资金的安全，全面推进上海现代农业发展和社会主义新农村建设。通过检查，督促财政支农项目实施主体切实加强制度建设、规范资金分配、资金拨付和使用管理，减少违纪违规现象的发生，提高财政支农政策的实效。

（3）2009 年 9 月 11 日，四川省人民政府下发了《关于进一步推进财政支农资金整合的意见》，为实现省委九届六次全会提出的"到 2012 年全省新增 100 亿斤粮食生产能力、新增 1000 万头出栏生猪生产能力、新增有效灌溉面积 1000 万亩"的目标，四川省政府决定进一步推进支农资金整合，通过整合资金，加快建设现代农业产业基地和新农村示范片，有效提升农业综合生产能力，促进全省农业和农村经济迈上新台阶。此次文件提出，应当坚持以科学发展观为统领，按照"整合项目、聚集资金、整体打造、综合示范、集中成片、整体推进"的总体思路，以现代农业产业基地和新农村示范片建设为载体，积极开展以县为主体的支农资金整合，以整合资金带动重大项目实施，逐步形成财政支农资金归并合理、安排科学、使用高效、运行安全的使用管理机制。

（4）2009 年 12 月 25 日，广东省财政厅印发了《关于进一步加强财政支农资金绩效考评工作的通知》，为进一步推进依法理财、科学理财，加强财政支农资金管理，强化支农支出责任，提高支农资金使用效益，全面提高财政支农管理水平，文件提出了几条意见：一是高度重视，充分认识加强财政支农资金绩效考评工作的重要性；二是积极探索，建立健全财政支农资金绩效考评体系；三是规范运行，建立健全财政支农资金绩效考评制度；四是因事而宜，合理确定绩效考评的内容及依据；五是突出重点，建立健全绩效考评指标体系；六是注重实效，建立健全绩效评价结果的运用机制；七是明确分工，建立健全分级考评机制。

（5）2012年3月23日，安徽省人民政府办公厅转发省财政厅等部门《关于整合财政支农资金支持省级现代农业示范区建设意见的通知》，通知指出，应当围绕省级现代农业示范区建设的总体要求，以促进基础设施建设和主导产业发展为首要任务，以统筹使用支农资金为手段，以提高支农资金使用效益为目的，以主导产业和重点项目为平台，进一步创新整合机制，加大整合力度，巩固县级整合，深化省级整合，推进部门整合，建立政府主导、部门配合、上下联动的协调机制，进一步促进财政支农资金规范管理、高效使用和安全运行。

（6）2013年4月19日，山西省人民政府转发省财政厅《关于进一步加强财政支农项目资金管理和监督意见的通知》，为了加强财政支农项目资金管理和监督，确保国家和省强农惠农富农政策落实到位，建立健全财政支农资金安全有效使用的长效机制，文件提出这几点意见：一是进一步提高认识，增强做好财政支农项目资金管理监督工作的主动性；二是进一步优化财政支农支出结构，深入开展支农资金整合工作；三是进一步强化支农项目管理，不断提高财政支农资金使用效益；四是进一步加强财政支农资金管理，确保资金安全高效运行。

（7）2013 年 8 月 14 日，广西壮族自治区农业厅办公室印发了《自治区农业厅办公室关于开展 2012 年度财政支农专项资金检查工作的通知》，主要检查：①项目资金到位及使用情况。②项目执行完成情况。包括项目是否按批复的方案实施以及项目实际完成进度情况、尚未完成的原因。③项目资金管理情况。包括是否建立财务管理制度、项目资金是否专款专用、开支是否合理、是否执行政府采购制度以及有无截留、挤占、挪用等不良现象。④项目效益情况。包括是否发挥资金作用、是否达到预期目标、有无项目管理绩效考评措施。⑤项目实施存在的主要问题。⑥加强项目资金管理的意见和建议。

（8）2013 年 8 月 12 日，四川省人民政府印发了《关于加强财政支农项目资产管护工作的意见》，把促进农民持续稳定增收和农民长期受益作为加强资产管护的出发点和落脚点，以保障资产正常运转、效益持续发挥为目标，以落实管护主体、管护责任和管护资金为重点，积极探索，规范管理，构建制度健全、权责清晰、方式灵活、运转高效、管理民主、公开透明的资产管护机制。

（9）2016 年 9 月 1 日，云南省人民政府印发了《关于推进财政支农资金形成资产股权量化改革的意见》，通知指出：贯彻精准扶贫、精准脱贫基本方略，坚持农村基本经济制度、农村基本经营制度不动摇，根据"资产变股权、农户有股份、农民得权益"的思路，以资产股权为纽带，积极盘活农村农民资源资产，调动农民专业合作组织、村集体经济组织、扶贫龙头企业等新型经营主体带动支持农户增收致富积极性，建立经营主体生产经营收益与农户增收致富利益连接机制，拓宽缺劳力、缺技术和丧失劳动能力等自主创收能力受限制的农村贫困人口持续稳定的增收渠道，用活财政资金，盘活农村资源，激活农民积极性，搞活农村经济。

（10）2016年2月3日，宁夏回族自治区人民政府印发了《自治区人民政府关于创新财政支农方式加快发展农业特色优势产业的意见》，为保障农业农村投入，发挥好财政资金"四两拨千斤"作用，引导更多社会资本投向农业，推进农业结构性改革，按照中央和自治区关于农业农村工作的部署和要求，创新财政支农方式，加快发展农业特色优势产业。通知提出：应当围绕实现农业现代化总目标，以增加农民收入为核心，以整合财政支农资金为切入点，推进财政支农方式改革创新，加快建立财政资金引导下的多元投入机制，促进特色优势产业提质增效，实现农村一二三产业融合发展。提出，到2020年，财政支农资金整合使用机制更加完善，投向结构更趋合理，配置效率显著提高，符合市场经济要求的财政支农体制机制基本形成，力争到2020年，优质粮食、草畜、蔬菜、枸杞、葡萄等产业基本实现现代化的目标。

（11）2016年11月28日，怒江州人民政府办公室印发了《怒江州推进财政支农资金形成资产股权量化改革实施方案的通知》，指出：要贯彻精准扶贫、精准脱贫基本方略，坚持农村基本经济制度、农村基本经营制度不动摇，根据"资产变股权、农户有股份、农民得权益"的思路，以资产股权为纽带，积极盘活农村农民资源资产，调动农民专业合作组织、村集体经济组织、扶贫龙头企业等新型经营主体带动支持农户增收致富积极性，建立经营主体生产经营收益与农户增收致富利益连接机制，拓宽缺劳力、缺技术和丧失劳动能力等自主创收能力受限制的农村贫困人口持续稳定的增收渠道，用活财政资金，盘活农村资源，激活农民积极性，搞活农村经济。

（12）2017年5月2日，北京市农村工作委员会印发了《关于加强2017年财政支农专项转移支付改革试点资金项目管理推动郊区发展的通知》，指出：在支农资金管理方面，改革资金应重点用于沟域经济、都市农业、休闲农业3类事项范围内的项目支出，原则上各项资金投入要按照市级分配额度安排落实，并将资金安排和项目组织情况向市农委备案。同时，各区应结合本级资金安排情况，加大整合力度，将支持方向相同、扶持领域相关的其他专项资金及区级财力整合使用，全面完成市委、市政府确定的各项"三农"工作。在支农职责分工方面，市农委对改革资金及项目负有分配、指导、监督、考核的责任。相关业务处室负责会同市农业局根据所负责领域，提出相关建设目标和建设标准，指导各区改革资金使用及项目管理；对改革资金及项目执行情况进行监督；督促各区加强改革资金预算执行和项目管理；组织考核检查，考核结果作为2018年各区改革资金分配额度的重要因素。各区农委对改革资金项目组织、实施、落实负有直接责任，各区财政部门对改革资金负有监督管理责任。区农委应结合2017年改革资金分配情况，会同区财政部门制定实施细则；根据年度重点任务和改革资金使用方向，编制相关项目预算，组织项目实施；对改革资金项目进行全过程监管，对资金安全规范使用负责。改革资金项目应保证申报材料真实、预算编制准确、项目内容完整，同一项目集成其他专项资金支持的，应明确不同资金支持内容，避免财政资金重复投入。

（13）2018年10月22日，博尔塔拉蒙古自治州人民政府印发了《关于充实自治州产业风险补偿金支持中小微企业和"三农"发展的实施方案》，文件指出：为充分发挥财政资金的杠杆效应和增信作用，通过继续充实自治州产业风险补偿金，进一步解决自治州中小微企业和"三农"等领域融资难、融资贵问题，增强金融服务实体经济能力，促进自治州经济社会持续健康发展，全面贯彻党的十九大精神和习近平新时代中国特色社会主义经济思想，紧紧围绕社会稳定和长治久安总目标，牢牢把握我国经济已转向高质量发展阶段这一基本特征，适应新时代、聚焦新要求、落实新部署，突出打好"三大攻坚战"，按照"1+3+3+改革开放"工作部署，围绕金融服务实体经济要求，继续充实自治州产业风险补偿金，更好地为中小微企业和"三农"贷款构筑融资平台，发挥政府在普惠金融领域的作用，为自治州营造健康优良的融资环境。

（14）2020年10月12日，黑龙江省政府办公厅印发《关于进一步加强财政支农专项资金管理的意见》（以下简称《意见》），提出各地、各部门要坚持问题导向和结果导向，深入探索建立更加科学完备的财政支农资金使用管理制度和机制，实现精准聚焦、精准投入、精准发力，努力把有限的资金用在刀刃上、花出效益来。同时，为贯彻落实好《意见》，省财政厅正在研究制定《黑龙江省财政支农专项资金管理办法（试行）》等配套文件。

（15）2021年10月25日，江苏省农业农村厅出台《关于进一步加强财政农业专项资金管理的通知》，在充分肯定全省农业农村系统认真贯彻落实国务院和省政府建立涉农资金统筹整合长效机制有关要求，深入实施"大专项+任务清单"管理模式，推动立项权下放，强化市县资金执行主体地位，进一步提高了资金使用效率和管理水平的同时，也指出有的地方也存在项目执行进度慢、资金结余结转较多、项目执行不规范等问题。为了更好发挥财政支农资金的效率，切实管好用好涉农项目资金，确保乡村振兴相关政策措施落实到位，本次意见就进一步加强财政农业专项资金管理提出若干意见。包括：压实项目资金执行和监督管理责任；切实加快项目资金执行进度；严格规范项目资金执行管理；全面清理结余结转资金以及建立健全绩效管理激励约束机制。

二、部分地市级政府财政支农政策文件

（1）2013 年 8 月 12 日，泸州市人民政府转发省政府办公厅《关于加强财政支农项目资产管护工作的意见》的通知，提出，把促进农民持续稳定增收和农民长期受益作为加强资产管护的出发点和落脚点，以保障资产正常运转、效益持续发挥为目标，以落实管护主体、管护责任和管护资金为重点，积极探索，规范管理，构建制度健全、权责清晰、方式灵活、运转高效、管理民主、公开透明的资产管护机制。

（2）2015 年 3 月 17 日，广安市人民政府印发了《关于做好财政支农资金形成资产股权量化改革试点工作的通知》，指出：始终坚持财政支农资金使用的惠农导向，以构建新型农业经营体系为主线，以促进现代农业加快发展和农民持续稳定增收为目标。在坚持农村基本经济制度、农村基本经营制度不动摇的前提下，不断创新财政支农资金使用方式，推进财政支农资金形成资产股权量化改革试

点，量化股权盘活资产；开展多种形式经营，探索财政支农资金促进农民财产性收入增加的有效途径，培育农民收入新兴增长极。

（3）2015年6月22日，衢州市人民政府印发了《关于推进财政支农体制机制改革的意见》，指出，要合理界定政府与市场边界，正确把握有效发挥政府作用与市场配置资源决定作用的关系，围绕"绿色发展、生态富民、科学跨越"的总体要求，立足新常态，按照"增一般、减专项、保重点、提绩效"和"两个一般不"的要求，全面谋划财政支农改革创新；以财政改革推动和引领"三农"领域改革，进一步加大财政支农力度，更加有效地支持"三农"发展，更好地发挥财政支农资金效益，促进农业可持续发展。争取通过对财政支农政策和管理模式进行制度创新和系统性重构，进一步增强科学性、规范性、可持续性，逐步建立与现代农业发展水平和统筹城乡需求相适应的财政支农政策体系、支农资金管理体系和支农资金监督体系，为农业现代化和城乡一体化提供有力保障。

（4）2015年6月25日，绍兴市财政局印发了《关于推进财政支农体制机制改革的意见》，指出，要认真贯彻党的十八届三中全会和省委十三届四次全会精神，围绕"重构绍兴产业、重建绍兴水城"战略部署，按照"增一般、减专项、保重点、提绩效"的要求，谋划财政支农改革创新，以财政改革推动和引领"三农"领域改革，更加有效地支持"三农"发展，更好地发挥财政支农资金效益，实现强农惠农政策目标，促进农业可持续发展。要进一步厘清政府与市场、政府职能部门之间和上下层级之间的关系，逐步建立与现代农业发展需求相适应的财政支农政策体系、支农资金管理体系、支农资金监督体系，为我市农业现代化和城乡一体化提供有力保障。

（5）2016年5月5日，潜江市人民政府办公室下发了《关于做好2016年度政策性"三农"保险工作的通知》，为构建全市"三农"风险保障机制，切实增加农业、农村、农民抵御自然灾害风险和应对特大意外事故的能力，提高灾后恢复生产能力，促进农村经济健康发展。此次文件提出：以科学发展观为指导，以农业发展、农村和谐、农民富裕为目标，建立和完善"三农"保险基层服务体系，逐步构建多层次保障、多渠道支持农业持续发展，农村长期稳定的保障机制和农业保险制度。

（6）2016年6月15日，泰州市政府转发了《关于创新财政支农投入机制完善农业产业化项目扶持政策的意见》，指出：按照推进供给侧结构性改革相关要求，以加快发展现代农业、提升农业竞争力和促进农业可持续发展为目标，围绕国家现代农业示范区建设，强化现代农业发展的产业支撑；引入资本运营模式，发挥政府资金的引导作用和杠杆作用，通过财政股权投资试点工作，壮大一批带动能力强、与农民利益紧密联结的新型农业经营主体；

培育区域主导产业，促进农业结构调整，增加农民收入，提高农业产业化扶持资金使用效益。

（7）2016年8月18日，北海市人民政府印发了《北海市以民办公助村民自建等方式推行财政支农项目建设工作方案的通知》，提出了财政支农的工作原则。一是以人为本，尊重民意。以农民主体，把项目的选择权、决策权、实施权交给农民。由农民自主选择项目、自主参与项目建设和管护，实现支农项目由农民自选、自建、自管、自用，更好地发挥项目效益，拓宽农民增收渠道；二是政府规划，财政补助。以项目规划为依托，政府支持引导，国家、农户、社会多元化投入，财政部门按照制定的补助标准和支付程序进行补助；三是健全制度，加强监管。建立健全"一事一议"民主议事机制等各项管理制度，确保实施民办公助、村民自建支农项目的可操作性，保障补助资金的安全。做到项目建设"民知"、项目规划"民议"、项目申请"民报"、建设资金"民投"、项目资金"民审"、项目效益"民享"、项目管护"民管"。并以科学统筹规划、加强项目申报审查和实施验收和规范资金管理作为重点工作。

（8）2017年2月27日，银川市委下发了《银川市人民政府关于深入推进农业供给侧结构性改革　加快培育发展新动能　全面提升"三农"发展水平的实施意见》，提出：一要着力发展"三精"农业，加快农业提质增效；二要推进农村一二三产业深度融合，加快发展新产业新业态；三要推行绿色生产方式，加快提升可持续发展能力；四要强化科技创新驱动，加快培育农业发展新动能；五要推动城乡一体化，加快建设宜居宜业新农村；六要深化农村改革，激发农业农村发展内生动力；七要落实全面从严治党要求，切实加强对农业农村工作的领导。

（9）2017年6月8日，梧州市人民政府办公室印发《梧州保险业参与我市三农金融服务室建设实施方案的通知》，通知要求遵循"政府主导、多方参与、政策扶持、广泛覆盖"的原则，致力提高梧州市农村地区保险意识，助推保险扶贫政策落实，扩宽"三农"保险覆盖面，提高农户参与农业保险的便利度，增强农业抵御各种风险能力，为现代农业发展提供有力保障。要求在2017年底前，在市范围内参与11个行政村逐步探索，成熟一个发展一个，到2020年底前，实现梧州市"三农"金融服务室百分之百参与。

（10）2017年8月14日，四川省汶川卧龙特别行政区公布了《关于近年来"三农"工作及下一步打算的情况报告》，指出：未来应当充分发挥卧龙得天独厚的生态资源，打好生态牌、绿色牌，扩大财政支农资金的有效供给、减少无效供给。

（11）2017年12月14日，保山市人民政府印发了《关于推进财政支农资金形成资产股权量化改革的实施意见》，意见表明：要贯彻精准扶贫、精准脱贫基本方略，坚持农村基本经济制度、农村基本经营制度不动摇；按照"资产变股权、农户有股份、农民得权益"的思想，以资产股权为纽带，积极盘活农村农民资源资产，调动农民专业合作组织、村集体经济组织、扶贫龙头企业等新型经营主体带动支持农户增收致富积极性；建立经营主体生产经营收益与农户增收致富利益联结机制，拓宽缺劳力、缺技术和丧失劳动能力等自主创收能力受限制的农村贫困人口持续稳定的增收渠道，用活财政资金，盘活农村资源，激活农民积极性，搞活农村经济。

（12）2018 年 9 月 30 号，衢州市人民政府下发了《关于构建以建设乡村大花园为导向的财政支农政策体系的通知》，按照"到 2020 年乡村振兴取得重要进展，制度框架和政策体系基本形成"的目标要求，以乡村大花园建设为导向，对财政支农政策体系进行系统性重构，确保乡村振兴战略重重落地。

（13）2018 年 11 月 20 日，邯郸市人民政府办公厅下发《关于印发邯郸市提升供销服务水平激发"三农"发展活力构建为农服务体系三年行动计划（2018～2020 年）的通知》，指出：为进一步深化供销合作社综合改革，全面推进基层供销社和农民合作社联合社（为农服务中心）开展土地托管、流转生产经营服务，提升供销服务水平，激发"三农"发展活力，加快构建为农服务体系，促进全市现代农业转型升级；提出以习近平新时代中国特色社会主义思想为引领，牢固树立新发展理念，落实高质量发展要求，以参与实施乡村振兴战略为主线；以密切与农民利益联结为核心，以建设为农服务中心和构建规模化为农服务体系为根本，以创新开展土地托管等社会化服务为重点，持续深入推进供销社综合改革，把供销社打造成为服务农民生产生活的综合平台和生力军，在深化供销合作社综合改革中力求新突破。

（14）2023 年 3 月 23 日，铜川市农业农村局下发《关于加强财政支农资金绩效管理的通知》，出台了若干对于财政支农资金绩效管理的政策措施，包括：强化绩效管理意识；压实绩效管理责任；建立长效管理机制；实现精准过程监控以及加强绩效结果应用等。

第五章

我国财政支农政策取得的成效

自 1978 年以来，国家通过加大农业投入、增加补贴标准、扩大补贴范围等措施，逐步构建起促进"三农"发展的财政支农政策体系，极大地提高了农业综合生产能力和农民的收入水平，也推动了国民经济的发展和产业结构的优化。

一、农业综合生产能力显著提高

自 1978 年以来，国家不断投入资金进行农业综合开发，综合治理山水林田，改造中低产田，开垦荒地，农业综合生产能力得到了显著的提升，重点表现在以下几个方面。

（一）全国农业机械化水平不断提高

全国农业机械化是农业现代化的重要标志，也是农业综合生产能力的一个重要体现。近年来，政府通过对农机具实施购置补贴，大大提升了全国农业机械化水平。1978年，全国农业机械总动力仅为 11750 万千瓦，2013 年，全国农业机械总动力就达到了 10.6 亿千瓦，2017 年，农业机械化总动力达到 9.88 亿千瓦，较 2011 年增长了1.07%。2020 年，全国农业机械总动力 10.56 亿千瓦，较上年增加 2.79%，较"十二五"末增长 17.07%。2021年是"十四五"开局之年，全国农业机械总动力更是达到了 10.78 亿千瓦，较上年增长 2.03%。[①]

（二）全国农作物耕种收综合机械化率显著提升

随着我国农业生产由主要依靠人力畜力转向主要依靠机械动力的阶段，财政支农的重点也不断向农业科技投入政策倾斜，我国农业机械化发展也进入了新时期。农机制造水平稳步提升，农机装备总量持续增长，农机作业水平快速提高。2023 年 1 月 18 日，国新办就 2022 年农业农村经济运行情况举行发布会，农业农村部总农艺师、发展规划司司长曾衍德在会上表示，总体判断，我国农业科技创新整体水平已经迈入世界第一方阵。2022 年，全国农业科技进步贡献率达到 62.4%。我国农作物品种实现了大规模的更新换代。据农业农村部农业机械化管理司副司长王

---

① 国家统计局，《中国统计年鉴》。

甲云介绍，目前我国小麦、玉米、水稻三大粮食作物耕种收综合机械化率分别超过 97%、90% 和 85%，农机装备对粮食丰产丰收贡献率显著提高。这些软硬件设施的升级，大大提升了农业生产效率和土地产出率。我国的粮食产量从 1977 年的 2.8 亿吨迅速上升，1984 年达到 4.1 亿吨，7 年增长 44%。20 世纪 90 年代中后期，我国主要农产品供求实现了由长期短缺转变为"总量基本平衡，丰年有余"的新格局。2022 年，我国粮食产量创历史新高。粮食播种面积 17.75 亿亩，比上年增加 1052 万亩，产量 13731 亿斤，增产 74 亿斤，连续 8 年保持在 1.3 万亿斤以上。

二、农村基础设施建设成效显著

随着财政投入的逐年增加，农村公路、供水、供气、电网、物流、信息、广播电视等基础设施不断完善，农村生产生活条件明显改善。

（一）农村交通条件得到极大改善

公路是经济发展的动脉，加快农村公路的建设对促进区域经济发展，提高农民生活水平，改善农村消费有着十分重要的战略意义。乡村道路，连接国道省道县道等大中公路，延伸到乡村组户，是中国公路网络的基础部分；是直接服务于农村，造福于农民的基础设施，是公路经济最终得以形成的关键环节。公路不能进村入户，村级经济将始终无法组成乡镇区域经济，因为没有便利的交通就难以形成统一的市场。1978 年，我国农村公路仅 58.6 万公里，2017 年底，全国农村公路就达到了 400.93 万公里。有资料显示，全国近 5 万个乡镇中，通公路的已达 90% 以上。2019 年，是在习近平总书记提出建设"四好农村路"五周年之际。五年来，全国新改建农村公路 139.2 万公里；截至 2018 年底，全国农村公路总里程达到 405 万公里，通硬化路乡镇和建制村分别达到 99.64% 和 99.47%，建制村通客车率达到 96.5%，"四好农村路"建设长效机制正在形成。截至 2022 年，全国农村公路总里程已达 453 万公里，等级公路比例达 96%，优良中等路率达 89%。十年来，我国支持贫困地区新改建了 6.5 万公里资源路、旅游路、产业路。①

据 2022 年交通运输部召开的新闻发布会公布的信息，十年来，中央在农村公路领域累计投入车购税资金 7433 亿元，农村公路总里程已达 446.6 万公里。截至 2022 年 6 月底，全国路长总人数 64.1 万，"路长制"覆盖率达 95.2%。具备条件的建制村百分百通客车，农民朋友"抬脚上客车"已从愿景变为现实。十年来，中央在农村公路领域累

---

① 中华人民共和国中央人民政府网站。

计投入车购税资金 7433 亿元。其中，用于贫困地区的投资就达到 5068 亿元，累计新改建农村公路约 253 万公里，解决了 1040 个乡镇、10.5 万个建制村通硬化路的难题。农村公路的总里程从 2011 年的 356.4 万公里增加到 2021 年底的 446.6 万公里，十年期间，净增了 90 多万公里。十年来，改造农村公路危桥超 6 万座，实施安全生命防护工程超 127 万公里。交通运输部公路局副局长顾志峰表示，"这十年来，'四好农村路'建设取得了实实在在的成效，为农村特别是贫困地区带去了人气、财气，也为党在基层凝聚了民心，成为农村地区摆脱贫困、实现小康、走向富裕的重要载体。"

（二）农村供水质量和水平提高

自新中国成立以来，特别是自 1978 年以来，我国高度重视农村饮水工程建设，并不断增加财政投入力度，截至 2018 年底，我国已建成 1100 多万处供水工程，服务了 9.4 亿农村人口，全国农村自来水普及率已达 81%，提前实现了联合国千年发展目标。农民从喝水难到有水喝，从拉水挑水到喝上自来水，改善了农村群众生活卫生条件，提高了健康水平和生活质量，使广大农民生活更加幸福、更有尊严，解决了 6300 多万人饮水安全问题。[1]

---

[1] 中华人民共和国中央人民政府网站，水利部副部长田学斌介绍巩固农村饮水安全保障水平有关情况并答记者问。

2022 年 5 月，中办、国办印发《乡村建设行动实施方案》，指出："稳步推进农村饮水安全向农村供水保障转变"。党的十八大以来，按照党和国家部署，水利部加大资金投入，多措并举，全力解决人民群众饮水安全问题。截至 2021 年底，全国共建成农村供水工程 827 万处，农村自来水普及率达 84%。广大农民用上自来水后，切实感受到了党和政府的温暖，幸福感、安全感显著增强。

（三）农村供电能力显著增强

目前，我国绝大部分农村地区已经完成了农村电网改造，实现了农村用电同网同价，促进了农业生产。农村信息化水平逐步提升，实现了"乡乡能上网""村村通电话""广播电视村村通"，稳步推进了农业生产、经营、管理和服务信息化。2016 年，实现城乡宽带网络全覆盖，完成 3 万个行政村通光纤，为农村电商、物流、农产品流通市场建设奠定了基础。

2022 年 9 月 28 日，在国家发展改革委召开的新闻发布会上，国家发展改革委农村经济司司长吴晓介绍了《乡村振兴战略规划（2018～2022 年)》实施进展情况。在他的发言中提到 5 年来，乡村振兴取得阶段性重大成就，农村水电路通信等基础设施提速建设、提档升级，农村电网提前完成改造升级，农村平均供电可靠率达到 99%。农村电网提前完成改造升级，94.2% 的农村安装了有线电视，农村生产生活更加方便快捷。

三、农村社会事业快速发展

改革开放 40 多年来，农村教育、医疗卫生、社会保障等事业得到长足发展。

（一）农村基础教育稳步发展

基础教育在国家现代化建设中具有重要的战略地位，与我国经济体制变革和经济发展水平密切相关。自 1978 年以来，随着经济和社会的变革，我国基础教育取得巨大发展和进步。作为中国教育的主要部分的农村基础教育发展状况，也日益受到政府的关注，得到财政方面的巨大支持，成就斐然。农村劳动者的整体素质稳步提升。根据2020 年第七次全国人口普查公报显示，农村受教育程度从 2006 年的 7 年提高到 8.99 年左右①，带动全国人口平均受教育程度从 20 世纪 80 年代的不到 5 年提高到现在的 13.8 年左右。②

（二）农村医疗卫生条件不断改善

医疗卫生事业的发展程度，是一个国家人民幸福指数

---

① 国家统计局，2020 年第七次全国人口普查公报。
② 中华人民共和国教育部，《2020 年全国教育事业发展统计公报》。

最直接的体现。随着社会的进步，人们的生活水平也得到了相应的提高，健康体检、患病就医、预防保健已经不是新鲜事。在这个大环境下，基层医疗在乡村振兴战略中起着举足轻重的作用，它不仅事关广大农村人口的健康水平，也对我国整体社会经济发展的稳定起着基础性作用。近年来，随着公共服务均等化理念的提出，财政部门不断增加对农村医疗卫生等基础设施的投入力度，截至 2021 年底，我国全国基层医疗卫生机构已有 977790 个，其中村卫生室比率约占六成。同时，农村社会保障体系逐步完善。[1] 目前，新型农村合作医疗、农村社会养老保险、农村义务教育实现全覆盖，农民有了更多获得感、幸福感。

四、在农民收入逐年增加的同时，农村居民的消费层次也不断提升

自新中国成立至今，我国农村人口的收入水平也发生了翻天覆地的变化。2018 年，我国农民人均可支配收入比 1949 年实际增长 40 倍，达到 14617 元。截至 2022 年，我国农民人均可支配收入 20133 元，增长 6.3%，增速快于城镇居民 2.1 个百分点。[2] 在 2023 年国务院新闻办公室举行的"权威部门话开局"系列主题新闻发布会上，中央

---

[1] 国家统计局，《中国统计年鉴》。
[2] 国家统计局。

农村工作领导小组办公室主任、农业农村部部长唐仁健在会上表示，2022 年全年，农民人均可支配收入迈上 2 万元大台阶，达到 20133 元、实际增长 4.2%，增速分别比国内生产总值和城镇居民人均可支配收入增速高 1.2 个百分点和 2.3 个百分点。在农民的收入结构中，转移性收入比重逐步提高。转移性收入是指农民在二次分配中的所有收入，主要是财政补贴。财政对农业生产、农民消费等环节补贴，直接或间接增加了农民的收入。

更为可喜的是，在农民收入水平不断提升的同时，农村居民的消费层次也在不断提升。其中，重要的衡量指标就是农民恩格尔系数呈逐年下降趋势。恩格尔系数（Engel's Coefficient）就是食品支出总额占个人消费支出总额的比重，即恩格尔系数 = 食物支出金额/总支出金额 × 100%，它是国际上通用的衡量居民生活水平高低的一项重要指标。一般来说，在其他条件相同的情况下，恩格尔系数越高，一个国家或家庭生活越贫困；反之，恩格尔系数越小，生活越富裕。据国家统计局发布的新中国成立 70 周年经济社会发展成就报告显示，2018 年，农村居民人均消费支出 12124 元，扣除物价因素，比 1949 年实际增长 32.7 倍，年均实际增长 5.2%。农村居民恩格尔系数为 30.1%，比 1954 年下降了 38.5 个百分点。这些数据充分说明了我国农村居民在收入增加的同时不断提升自身的消费层次，城乡差距正呈现出逐渐收缩的趋势。

五、农村脱贫减贫成效显著

自 1978 年以来，我国努力探索一套适合国情的财政扶贫实践经验，为全球贫困治理做出了贡献。四十多年来，中国贫困人口减少了近 8 亿人，占同期全球减贫人数近 75%[1]。八年来，中央财政累计投入专项扶贫资金就达到 6601 多亿元，以全面推进精准扶贫、精准脱贫，为决胜全面小康和打赢脱贫攻坚战奠定坚实基础。[2] 2019 年 9 月 27 日，庆祝中华人民共和国成立 70 周年活动新闻中心举办第三场新闻发布会。中央农村工作领导小组办公室主任、农业农村部部长韩长赋介绍，我国已基本消除了农村绝对贫困。韩长赋表示，改革开放初期，农村贫困人口有 7.7 亿人，2018 年底，减少到 1660 万人，2020 年，已经实现农村人口全部脱贫。

---

[1] 中国财政部、国务院发展研究中心和世界银行联合于 2022 年 3 月 31 日发布的《中国减贫四十年：驱动力量、借鉴意义和未来政策方向》。
[2] 2021 年 2 月 25 日，中共中央总书记、国家主席、中央军委主席习近平向全国脱贫攻坚楷模荣誉称号获得者颁奖并发表重要讲话。

第六章

进一步完善我国财政
支农政策的若干建议

第一节
整合财政支农资金，提高财政支农
资金的总额，加大财政支农力度

尽管近年来我国政府始终关注财政支农的力度，财政支农资金的规模也不断增长。近年来，党中央、国务院制定并出台了一系列强农、惠农政策，按照"切实加强农业的基础地位"的要求，各级财政部门也认真贯彻落实，不断加大投入力度，有力地支持了农业和农村发展。特别是先后实行了以"三取消"和"四补贴"为主要内容的直接惠农政策，农村路、电、气和教育、医疗、低保等民生问题得到改善。随着财政支农力度的不断加大，既解决了许多长期想解决但是没条件解决的难事，又做了一些以往应该做却没有做的好事；既做了一些农民当前关切、受益直接的事，又做了一些"管长远、打基础"的事。这些年的确是 1978 年以来，农业得加强、农村得发展、农民得实惠、党和政府得民心的"黄金发展期"。

但是必须承认，"三农"工作仍然面临许多新情况、新矛盾、新课题，解决"三农"问题还有很长的路要走。首先是我们的财政支农资金总体规模仍然偏小，今后还需要继续加大财政资金投入规模，支持农牧业发展。国家财政应根据经济发展现状及财政收入的情况做好财政支出的规划，对农业的支出应适当提高比例，逐渐改变当前农业投资额依然偏低的状况。同时，为了使资金更好发挥规模效应，需对性质相同、用途相近的涉农资金进行整合、统筹使用，使其形成合力，充分提高财政支农资金使用效益。对于那些财政支农资金投入效果明显的地区，应不断加大财政支持的力度，其他地区也要结合自身特色和优势，有针对性地投入财政资金。财政支农更是一项长期的任务，要进一步突出财政支农投入的重点。

其次，作为一个农业大国，我们的发展任何时候都不能忽视"三农"的全面发展，对"三农"的各项建设投资比例都应该做到合理配置，农业的基础地位决定了要逐步把焦点转移到"三农"的发展，尤其是要发展现代农业，实现乡村振兴战略目标，这些都离不开国家财政对

"三农"的支持。因此，未来需要在加大并保证财政对"三农"投入的同时，积极拓宽财政支农的渠道，加强涉农资金的监管。要根据保障主要农产的基本供给和增加农民收入的需要，进一步增强财政支农投入的针对性和有效性。重点向生产区和优势特产区倾斜、向生产性措施倾斜，尽快形成有效生产能力，进一步加快构建财政支农的长效机制。

第二节
进一步优化调整财政支农资金结构

一、未来优化调整财政支农资金结构的原则

无须讳言，目前我们的财政支农政策在支持范围、支持对象、支持力度上都存在一定的问题，还不能完全适应现阶段农业发展变化的需要，也不能很好地满足社会主义市场经济条件下公共财政支农政策运作的要求。因此，未来还应该对于财政支农资金结构进行有针对性的调整，调整的基本原则应该包括：一是公共性支出原则。按照公共服务均等化的要求合理安排不同地区的财政支农资金，着重扶持经济发展相对落后地区的"三农"发展；二是肯定市场在资源配置领域起决定性作用的原则。在财政支农资

金安排的过程中充分肯定市场的作用，注重发挥财政支农资金对于市场资金的引导性作用；三是集中财力的原则。未来在财政支出分配上要坚持保证重点、压缩一般、集中财力、增大力度的总体思路，进一步调整财政支农资金的支出结构，不断集中优势财力，形成支农资金合力。尤其需要注意的是，未来财政支农政策应体现依靠科技的政策导向，重点扶持品质优良、效益显著、高科技含量、高附加值且具有可持续发展能力的农业示范项目，早日实现农业供给侧改革的政策目标。

二、未来调整财政支农资金结构的具体构想

（一）进一步加大支持农民增收的财政资金投入

健全对农民收入的直接补贴制度，把在生产环节、流通环节等的补贴逐步完全转化为对农民收入的直接补贴。这样做的原因在于，只有农民收入提高了，才能促进农业的扩大再生产，才能繁荣农村的经济，维护社会的稳定。

（二）支持农业基础设施建设

保证"三农"发展配套设施的应用，协调好"大"和"小"之间的关系。比如，完善农村中小型水利工程，

让大、小项目结合起来，真正地发挥其应有的作用。应当看到，我国农业可持续发展农业基础设施薄弱，尤其是水利设施陈旧老化，抗御自然灾害能力不强，是农业生产的主要制约因素。为此，要从增加公共性支出角度出发，继续加大对农业基础设施及生态环境保护建设的财政支持力度、不断扩大对农村基础设施建设的投入规模、重点支持小型农田水利设施建设、大型灌区节水改造、堤坑和危险水库治理等工作，不断改善农业生产条件、加强耕地质量建设。增加对中低产田和高标准农田建设的投入，进一步加强农村生态建设，继续实施生态公益林和速生丰产林等重点工程。加强林地、湿地和森林资源的保护管理。通过加强农业基础设施建设，优化生态环境，提高农业的综合生产能力，实现农业的可持续发展。

（三）继续加大财政支持农业科技的发展力度

未来，要建立起依靠科技提高农业效益的思路，加大在科技方面的管理力度，提供足够的资金支持研究开发农业重大技术、推广应用良种良法、应用先进的种养殖技术和品种、推广能降低成本提高效益的耕作技术。同时，财政资金要开展农科教相结合，为农民提供必要的技术或专业教育，提高劳动者掌握现代技术的素质。

第三节
不断加强对财政支农资金的监管

一、加强对于财政支农资金监管的总体构想

财政支农资金投入规模和结构合理固然重要，对于资金使用情况的严格监管也是确保财政支农资金能够充分发挥效率的重要手段。这要求各级财政部门明确财政支农政策的种类及相关内容的界定，有效加强各部门对财政支农资金支付到位的监管力度，各部门要各司其职，权责分明，加大监督力度。同时，要有效整合财政支农政策的内容，明确划分各项政策的内容，不重复不叠加，加强资金整合力度，化零为整，发挥财政资金的集合效应。对一些有联系的政策项目统筹安排，让其彼此之间有机地结合起来，减少重复的工作，提高财政支农资金的使用效率。例如，把支持农业农村基础设施建设政策中的扶贫资金与支持扶贫开发政策中的财政扶贫资金合并，把支持粮食生产和农业结构调整政策中的农产品政策补贴资金和支持农村改革政策中农产品政策补贴合并，简化补贴方式，提高效益。

对财政支农资金的监管需要进行全程的控制。首先，

在资金项目的选择上需要进行细致的实质性的审查，评估过程要公开透明，防止暗箱操作的农业腐败，抵制财政资金的流失。其次，要对落实到位的财政资金进行动态监控，防止资金用户的随意处置。最后，要完善财政资金的绩效体系，以建立标准的评估体系提高资金利用效率。

二、从绩效预算的角度加强对财政支农资金监管

结合当前财政部门正在积极推进的绩效预算改革，未来可以从建立预算执行情况报告制度、强化法律监督、做好财政支农资金的跟踪调研工作。

（一）严格按照《预算法》规定实施财政支农资金运作

逐步建立预算执行情况报告制度，把好预防关；从上至下各级部门要把好预算关，尤其是对于乡镇和村委会更要严格按照《预算法》的相关内容实施支农；对于财政支农资金使用运作情况的审议不能流于形式，必须严格按照法定预算程序进行，要留有充足的时间进行，各级人大财经委要真正发挥审议和监督的作用；将编制预算权和支出责任绑定在一起，追究支出责任的时候也要追究编订预算责任，联动机制的建立会形成很强的威慑力。此外，在乡镇一级财政建立规范、透明的转移支付办法，也是保证财政支农资金规范运作的重要手段。

（二）完善法律监督体系

目前，我国已经形成财政法律体制框架，但是财政支农资金支出方面还不够完善。结合国际惯例和我国实际国情，本着效率原则、法律原则，我国财政支农监督保障体系可以由人大财经委、纪检部门、财政部门、审计部门和社会监督等组成。其中，财政部门是监督的核心，财政部门作为财政支农的牵头主管部门主要是通过事前、事中进行连续不断地监督，监督手段包括财务和预算监督两个方面。审计监督可以将农业相关部门的预算项目与最终设定的目标任务进行量化指标挂钩，从经济、生态和社会效益方面进行综合考核，通过定期公布等形式逐步增加支农资金使用的透明度；纪检监察部门通过开设专门监督热线电话、电子邮箱、接待口等形式，让群众全面参与到对支农资金的监督中来，发挥社会监督的巨大力量。

（三）做好财政支农资金的跟踪调研监督

监督中纪检和审计部门要仔细审查资金使用是否与预算和申报的内容是否一致，资金使用单位是否自作主张擅自改变使用方向，承诺的配套资金是否到位，开展过程中有无弄虚作假行为；对于一些重要项目，比如，退耕还林还草项目的财政资金的使用情况，监管部门要深入实施现场勘查，深入农户林区牧区当中，与当地农民牧民交谈，实地了解情况，掌握第一手资料，防止资金使用单位弄虚作假。对于发现问题的，如果问题刚刚出现了苗头迹象，第一时间找到主管部门的管理人员沟通，及时纠正工作中的错误，争取使资金使用效果最大化，真正让支农资金起到为老百姓办事的效果；如果情节严重，应及时汇报给上级机关。有必要的话，可以直接汇报公安检察机关，尽量减少支农资金的损失。

（四）不断探索财政支农体系预算管理改革

不断推进预算编制改革，将所有涉农资金纳入预算，减少专项资金个数和结转结余资金；建立关于农业发展项目的信息库，开展对项目的评估，相应编制下年预算，加强对财政资金使用的全过程监督管理。此外，允许各地区发行农业农村发展的债券，增加财政资金来源渠道，保证资金充足，推进乡村振兴计划。

第四节

提高财政支农政策的实效性，
把惠农政策落到实处

应当看到，财政支农政策效果的评价者最终应该是农民。一项财政支农政策的好坏的关键在于是否能让农民真正满意，农民是不是直接得到了实惠。因此，评价一项财政支农政策的好坏的重要标准，在于是否能够给涉及的农民带来实际利益，带去多少实际利益。未来，为了使财政支农政策更有实效性，必须要加强农民在财政支农政策中的主体作用的发挥。也就是在财政支农政策的制定、实施、评价的全过程，都要用制度保证广大农民的话语权、决策权，确保财政支农政策取得实效。想要做到这一点，首先，各项财政政策要让农民看得清楚，明确知道其内容。在政策的实行过程中要让农民自己监督，大多数农民有意见或反对的财政支农政策就不能强制推行，农民关心和迫切需要解决的问题即使暂时解决不了，也要给农民一个合理的解释。其次，要保证农民的话语权，这样才能做出有利于农民切身利益的决策。来自基层农民的利益主张越充分，决策中的实效性才会越强，才越能达到财政支农政策的目的。

第五节

加大财政支持，挖掘农民
工资性收入增长潜力

按照《中国农村统计年鉴》的统计分类，将农民人均可支配收入按照来源渠道分为四类收入，分别是工资性收入、经营净收入、财产净收入、转移净收入。农民的工资性收入包括在本地企业的受雇佣所得、在外地企业的打工收入以及在非企业所得到的从业收入。有研究表明，财政支农支出对农民工资性收入的影响程度仅次于转移性收入。当前，我国农民工资性收入依然有较大的增长空间，未来应着力拓宽工资性收入渠道，除了劳动力在外的务工收入来源外，通过财政支持促进农民在当地就业，开展就业技能培训，培育新型职业农民，强化人才对现代农牧业发展的支撑作用，从而使农民工资性收入稳定增加。设置科学系统的教育培训体系，全面提高农民科学文化素质，具有针对性地培养农民生产经营能力、专业技能水平以及专业服务能力；大力培养农业企业骨干、家庭农场、农民合作社、生态牧场的青年示范带头人，为农牧业产业转型升级和新型农业经营主体的发展储备优秀人才；充分发挥高等院校、科研院所、农技推广学校的力量，参与培训农民的活动，保障师资质量；支持龙头企业、农业示范园区、农村合作社等主体成立建设农民实训基地和田间学校，可供农民就地学习、观摩，提高培训的有效性和精细化程度；运用互联网、大数据、云计算等手段为农民提供智能、个性化的线上培训，全程提供跟踪服务指导；课程不能只停留在技术指导层面，还应涉及道德素养、团队合作、创新创业、企业管理、市场营销等综合素质和经营管理方面的培训课程；各地区可以通过展示、比赛、路演等方式展开农民之间的经验交流和项目合作；财政支持设立培育新型职业农民专项补助，允许各地区自行制定标准实行差异化补助，设立农民工返乡创业园或创业孵化基地，以创业带动就业，利用支持新型职业农民对接城镇养老和医疗保险等优惠政策吸引农民工、退役士兵、高校毕业生等群体返乡创业，避免人员流失，增加其稳定性，使农民由身份向职业转变，让农民成为体面的职业，增强农村牧区青壮年劳动力留在农村的内生动力，让内蒙古的农牧业发展后继有人，使农村经济充满活力，农民实现增收致富。

第六节

发挥示范作用，引进社会资本投入方向，进一步改善农业生产条件

随着市场化程度不断加深，适应我国新常态经济发展背景，未来财政支农的手段和措施都应该适时进行调整。应当更加注重发挥财政资金的示范和引导作用，带动和吸引社会资金向农业领域投入。未来可以采用 PPP 方式支持农业，完善农业基础设施。以农村水利资源利用为例，随着经济社会发展，农业用水需求量必然不断增加，同时，受制于自然资源限制，我国很多地区的可用水量不足，水利资源的供需矛盾日益突出，水资源管理任务艰巨。面对工程配套资金筹集难的问题，应该积极引入社会资本参与农田水利建设，运用民间资本的资金、技术、人才等要

素，实现与政府的利益共享和风险共担机制；在引导社会资本注入农业的同时，还要加强政府部门对农业 PPP 项目的全程监管，与私人资本明确责任，设立合理的退出机制，确保工程质量安全；在项目落地之前，政府财政部门要做好项目的财政可承受能力评估和物有所值评估，使真正具有经济效益、社会效益、生态效益的项目惠及广大农村牧区，避免出现骗取、套取国家财政资金的行为。

第七节
严格落实惠农惠牧政策，
增加农民转移性收入

农民转移性收入主要是指国家给予的各种支农支牧财政补贴等转移支付性质的收入。诸如，农业支持保护补贴、优势特色产业发展补贴、新兴职业农牧民培育补贴、适度规模经营补贴等。数据表明，政府的财政支出对于农民四类收入中影响最大的就是农民的转移性收入，这类收入受财政支出的影响最直接，也最显著，这些转移性收入对于改善农村居民的收入水平起到了不容忽视的作用。未来，应该着重坚持公开透明、规范操作的原则，确保惠农补贴落到实处，保障农民的转移性收入。针对温室大棚、棚内农作物及特色农产品实施政策性农业保险政策，财政对保费进行补贴，防范风险，稳定农民收入。大力发展适合当地的特色主导产业，继续对涉及支柱产业、符合建设标准的农民和种养大户给予一定高标准的补助；落实重大惠牧补贴和项目资金，包括生态保护补助资金、农技推广补贴资金等，提高农民生产积极性，减少生产成本，提高生产效率，增加经济效益。

同时，应该加强对资金的严格管理和审计，使各种补助资金封闭运行，全部纳入"一卡通"账户进行兑现。同时，与移动通信部门合作为农民提供资金到账的短信提醒服务，发挥社会监督的作用；各地区要坚持公开透明的原则对受到补助奖励的地区、面积、户数等信息及时对外公布，接受监督；在"一卡通"中登记农户的信息，财政部门应根据有关部门提供的农户名单发放补助资金。随着财政补贴力度的加大，在增加农民转移性收入的同时必然会提高农民的生产积极性，农畜产品产量增加又会带动农民经营性收入的增加，形成良性循环机制，实现农民收入可持续增长。

参 考 文 献

[1] 曹军辉，刘智勇. 网络治理：新农村建设中公共服务绩效提升的模式创新——以四川省合江县合江镇三江省级新农村建设示范片为例 [J]. 理论与改革，2011 (5)：76 – 79.

[2] 曹俊勇，张乐柱. 财政支农资金效率评价的实证分析 [J]. 财会月刊，2017 (6)：108 – 112.

[3] 陈池波. 论经济发展中的政府农业投资职能 [J]. 农业经济问题，2003 (9)：42 – 44.

[4] 陈立双，张谛. 关于改革开放以来中国农业投资规模的剖析 [J]. 农业经济，2002 (11)：40 – 41.

[5] 陈明星，李铜山. 财政支持新农村建设的效率评价标准探析 [J]. 兰州学刊，2007 (7)：111 – 112.

[6] 陈鸣，周发明. 制度环境视阈下财政支农投入的减贫效应研究 [J]. 财经论丛，2017 (1)：29 – 38.

[7] 陈锡文. 当前我国的农业、农村和农民问题 [J]. 生产力研究，2005 (10)：115 – 116.

[8] 崔姹，孙文生，李建平．基于 VAR 模型的农业贷款、财政支农对农民收入增长的动态性分析——以河北为例 [J]．广东农业科学，2011（1）：235 - 238.

[9] 崔元锋，严立冬．财政支农项目"企业化"绩效管理探究 [J]．农业经济问题，2005（10）：29 - 33.

[10] 党夏宁，黄雯．咸阳市新农村建设财政支持与农民收入增长——基于咸阳市 13 县（区）2000—2012 年面板数据的实证分析 [J]．生产力研究，2015（5）：30 - 33.

[11] 邓智华．农业发展方式转型与财政支农机制创新——以青海高效生态农牧业建设发展为例 [J]．经济研究思考，2012（9）：47 - 53.

[12] 杜辉．中国农业支持：何去何从？ [J]．河北学刊，2017（5）：120 - 125.

[13] 盖尔·约翰逊．经济发展中的农业、农村、农民问题 [M]．北京：商务印书馆，2004：78 - 96.

[14] 何平均．公共财政框架下推进新农村建设的财政对策 [J]．湖南农业科学，2006（11）：8 - 11.

[15] 何振国．中国财政支农支出的最优规模及其实现 [J]．中国农村经济，2006（8）：4 - 9 + 16.

[16] 侯石安．财政支农专项资金使用效益评价的方法与指标体系的设计 [J]．湖北财税，2001（5）：35 - 37.

[17] 胡东兰，田侃，夏杰长．中国财政支农支出对农村居民消费影响——实证分析与政策建议 [J]．财政研究，

2013（1）：50－53.

[18] 黄寿峰. 财政支农、金融支农促进了农民增收吗？——基于空间面板分位数模型的研究 [J]. 财政研究，2016（8）：78－90.

[19] 黄小舟. 财政支农资金绩效实证分析 [J]. 商业时代，2005（10）：44－45.

[20] 黄小舟，王红玲. 财政支农资金绩效实证分析 [J]. 商业时代，2005（10）：44－45.

[21] 黄新建，王勇. 财政支农对江西农业经济增长效应的实证研究——基于协整检验与误差修正模型 [J]. 江西财经大学学报，2010（3）：58－61.

[22] 江维国，李立清. 新型农业经营主体构建与财政金融支农创新研究 [J]. 南方金融，2014（9）：54－57.

[23] 江洋，孟枫平. 财政支农资金使用效率实证分析 [J]. 云南农业大学学报（社会科学），2015（11）：17－24.

[24] 蒋海勇，杨清源，李顺明. 广西财政支农支出绩效评价制度改进的思考——基于农民增收的视角 [J]. 经济研究参考，2014（11）：12－13＋19.

[25] 李焕彰，钱忠好. 财政支农政策与中国农业增长：因果与结构分析 [J]. 中国农村经济，2004（8）：38－43.

[26] 李琳. 基于 DEA 模型的财政支农资金效率及影响分析 [J]. 重庆工商大学学报（自然科学版），2013（11）：11－18.

［27］李普亮，贾卫丽.改革开放后财政农业投入对农民增收的效应分析［J］.税务与经济，2010（5）：49－56.

［28］李思靓，于磊，薛宝颖，郭丽华.河北省财政支农资金使用效率实证分析［J］.农业经济，2016（10）：89－91.

［29］李祥云.我国农业财政投入绩效评估及进一步提升之见解［J］.现代财经（天津财经大学学报），2010（10）：57－62.

［30］李晓嘉.财政支农支出与农业经济增长方式的关系研究——基于省际面板数据的实证分析［J］.经济问题，2012（1）：68－72.

［31］李燕凌.农村公共品供给效率实证研究［J］.公共管理学报，2008（4）：14－23＋121－122.

［32］李燕凌，欧阳万福.县乡政府财政支农支出效率的实证分析［J］.经济研究，2011（10）：110－122＋149.

［33］李正彪、文峰.农户经济行为视角的财政农业投资：绩效、原因、对策［J］.经济问题探索，2009（10）：61－64.

［34］厉伟，姜玲，华坚.基于三阶段DEA模型的我国省际财政支农绩效分析［J］.华中农业大学学报（社会科学版），2014（1）：69－77.

［35］刘汉屏，汪柱旺.农业发展与财政支农政策选择——基于支农资金总量和结构的分析［J］.上海财经大学

学报，2006（2）：80－85.

[36] 刘宏杰. 东部地区经济平稳增长路径下的最优财政收支规模分析 [J]. 华北电力大学学报（社会科学版），2008（12）：37－41.

[37] 刘宏杰，李素娜. 中国财政支农支出与农村居民收入之间的经验研究——基于向量自回归模型的经济计量分析 [J]. 青岛科技大学学报（社会科学版），2009（12）：53－57.

[38] 刘龙泉. 浅析财政支农资金管理模式选择及其创新 [J]. 财会研究，2013（11）：8－11.

[39] 刘玉川. 财政支农与我国农民收入关系实证研究 [J]. 财会研究，2010（11）：9－11.

[40] 鲁德银，雷海章. "入世"后的中国农业财政支持政策 [J]. 财经研究，2002（2）：8－13.

[41] 罗东，矫健. 国家财政支农资金对农民收入影响实证研究 [J]. 农业经济问题，2014（12）：48－53.

[42] 茆晓颖，成涛林. 财政支农支出结构与农民收入的实证分析——基于全口径财政支农支出2010～2012年江苏省13个市面板数据 [J]. 财政研究，2014（12）：68－71.

[43] 孟志兴，孟会生. 山西省财政支农支出与农业GDP增长关系的实证分析 [J]. 中国农业资源与区划，2012（2）：84－87.

[44] 沈淑霞，秦富. 财政农业投入性支持的规模效率

分析 [J]. 农业技术经济, 2004 (7): 45 - 51.

[45] 史建华. 重庆市财政支农对农民收入的效应研究 [D]. 重庆: 西南大学, 2012.

[46] 速水佑次郎, 弗农·拉坦. 农业发展的国际分析 [M]. 北京: 中国社会科学出版社, 2000: 56 - 89.

[47] 孙致陆, 肖海峰. 地方财政支农支出对农民收入影响的实证分析——基于 1994 年 - 2009 年省级面板数据 [J]. 地方财政研究, 2013 (4): 8 - 15.

[48] 谭静, 王会川, 葛小南. 财政支农思维方式转变和制度创新 [J]. 中国财政, 2014 (3): 17 - 19.

[49] 汪海洋, 孟全省, 亓红帅, 唐柯. 财政农业支出与农民收入增长关系研究 [J]. 西北农林科技大学学报 (社会科学版), 2014 (1): 72 - 79.

[50] 王敏, 潘勇辉. 财政农业投入与农民纯收入关系研究 [J]. 农业经济问题, 2007 (5): 439 - 42.

[51] 王胜. 分税制以来中国地方财政支农绩效评价: 基于分级支出视角 [J], 中国管理科学, 2010 (2): 26 - 32.

[52] 魏朗. 财政支农支出对我国农业经济增长影响的研究——对 1999 - 2003 年农业生产贡献率的实证分析 [J]. 中央财经大学学报, 2007 (9): 11 - 16 + 22.

[53] 夏清明. 加快贫困地区农业产业化发展的思路 [J]. 贵州农业科学, 2000 (8): 67 - 69.

[54] 谢其力木格. 内蒙古财政支农支出对农牧民收入

的影响研究 [D]. 呼和浩特：内蒙古财经大学，2014.

[55] 胥巍，曹正勇，傅新红. 我国东、西部财政支农对农业经济增长贡献的比较研究——基于协整分析与误差修正模型 [J]. 软科学，2008（5）：95-99.

[56] 徐灿琳，钟永建，肖芳. 地方财政支农对农民收入影响研究——以四川省泸州市为例 [J]. 经济视角（上旬刊），2015（3）：9-13.

[57] 许楠. 财政农业支出效率评价及优化对策 [J]. 经济纵横，2010（6）：93-95+125.

[58] 许悦，许能锐. 基于互联网思维的财政支农方式创新 [J]. 当代经济，2015（5）：8-9.

[59] 薛令熙、邵法焕. 广西财政支农与农民增收的实证分析 [J]. 广西职业技术学院学报，2009（12）：51-54.

[60] 亚当·斯密. 国富论 [M]. 北京：中央编译出版社，2010：123-146.

[61] 杨伯坚. 2004~2008年中国财政农业支出效率的实证分析——基于省际面板数据的 DEA-TOBIT 两步法 [J]. 财政研究，2012（3）：23-25.

[62] 杨灿明，郭慧芳，孙群力. 我国农民收入来源构成的实证分析——兼论增加农民收入的对策 [J]. 财贸经济，2007（2）：74-78+129.

[63] 杨林娟，戴亨钊. 甘肃省财政支农支出与农民收入增长关系研究 [J]. 农业经济问题，2008（3）：99-102.

［64］叶翠青．我国财政支农支出存在的问题及政策建议［J］．财政研究．2008（4）：28－30．

［65］殷筱琳、雷良海．财政支农支出绩效评价体系研究［J］．商业经济，2010（1）：115－118．

［66］余海鹏，范晔．财政支农政策对农业经济增长的影响效应研究［J］．扬州大学学报（人文社会科学版），2012（11）：23－30．

［67］张海燕，邓刚．财政支农支出对四川农业经济增长贡献的实证研究［J］．经济问题，2012（6）：78－81．

［68］张强，张映芹．财政支农对农民人均纯收入影响效应分析：1981－2013——基于陕西省县际多维要素面板数据的实证［J］．西安交通大学学报（社会科学版）；2015（5）：46－50．

［69］张瑞德，蔡承智．论农民收入增长与新农村建设的关系——基于贵州省102个新农村建设示范村的调查［J］．西华大学学报（哲学社会科学版），2011（8）：115－119．

［70］张兴荣．山东省财政支农支出效率评价及影响因素研究［D］．济南：山东财经大学，2015．

［71］章鹏．安徽省财政支农支出与农民收入关系研究［J］．哈尔滨学院学报，2015（4）：56－59．

［72］赵璐，吕杰．财政支农结构对农业总产值影响的实证分析［J］．统计与决策，2011（4）：117－120．

［73］赵霞，穆月英．1998－2006年中国公共财政农业

支出的绩效评估 [J]. 技术经济, 2009 (1): 46-50.

[74] 赵艳选. 河南省财政支农支出对农民收入增加的效应研究 [D]. 南京: 南京财经大学, 2012.

[75] 钟德仁, 刘朝臣. 财政支农资金对"三农"问题的影响分析 [J]. 沈阳工程学院学报 (社会科学版), 2011 (7): 336-338+383.

[76] 周红梅, 李明贤. 基于 DEA 模型的湖南省财政支农支出效率评价 [J]. 农业现代化研究, 2016 (3): 284-289.

[77] 朱林强, 翁贞林. 财政农业投入对江西农民收入影响的实证研究 [J]. 中国农学通报, 2011 (4): 415-419.

[78] 朱新武, 雷霆. 社会主义新农村建设的财政支农政策创新探讨 [J]. 经济问题, 2006 (12): 49-50+52.

[79] A. Dibrova, Larysa. Domestic support for Ukrainian agriculture under the conditions of world financial crisis [J]. Problems of World Agriculture, 2009, 6 (21): 26-32.

[80] Allanson P. The Redistributive Effects of Agricultural Policy on Scottish Farm Incomes [J]. Journal of Agricultural Economics, 2006, 57 (1): 117-128.

[81] Angelopoulos, Philippopoulos and Tsionas. Does public sector efficiency matter? Revisiting the relation between fiscal size and economic growth in a world sample. Public Choice,

2008，137（1 - 2）：245 - 278.

［82］Ashok Mishra，Hisham El - Osta. Effect of agricultural policy on regional income inequality among farm households ［J］. Journal of Policy Modeling，2009，31（3）：325 - 340.

［83］Bahl Roy，Richard Bird. Subnational Taxes in Developing Countries：The Way Forward ［J］. Public Budgeting & Finance，2008，28（4）：7 - 25.

［84］Barro R. J. Economic growth in a cross-section of countries ［J］. quarterly journal of economics，1991（104）：407 - 444.

［85］Barro R. J. Government Spending in a Simple Model of Endogenous Growth ［J］. Journal of Political Economy，1990，98（5）：5103 - 5126.

［86］Beachy，Roger N. Building political and financial support for science and technology for agriculture ［J］. Philos Trans R Soc Lond B Biol Sci，2014，369（1639）：2012 - 2274.

［87］Bekzod Shamsiev and Iain Shuker. Russian Federation - Enhancing the impact of public support to agriculture and rural sectors ［R］. Russia：World Bank，2006.

［88］Berman E. and Wang X. H.，Performance measurement in US counties：capacity for reform ［J］. Public Administration Review，2000，60（5）：409 - 420.

［89］Borge L E，Falch T，Tovmo P. Public Sector Efficiency: The Roles of Political and Budgetary Institutions, Fiscal Capacity, and Democratic Participation [J]. Public Choice, 2008, 136 (3 – 4): 475 – 495.

[90] Chang. The Development of a Dual Economy [J]. Economic Journal, 2001, 71 (5).

[91] C. Peter Timmer. Agriculture and Pro – Poor Growth: An Asian perspective [M]. Social Science Electronic Publishing, 2005, 5 (6): 27 – 30.

[92] Cruz N F D, Rui C M. Revisiting the determinants of local government performance [J]. Omega, 2014, 44 (2): 91 – 103.

[93] Dimitris Diakosavvas. How to Measure the Level of Agricultural Support: Comparison of the Methodologies by OECD and WTO [J]. Paris, 2002 (3): 217 – 245.

[94] Douglas Holtz – Eakin. Public – Sector Capital and the Productivity Puzzle [J]. The Review of Economics and Statistics, 1994, 76 (1): 12 – 21.

[95] Ethan Ligon and Elisabeth Sadoulet. Estimating the Relative Benefits of Agricultural Growth on the Distribution of Expenditures [J]. World Development, 2016 (12): 417 – 428.

[96] Fan Shenggen, Gulati Ashok, Thorat Sukhadeo. Investment, Subsidies, and Pro-poor Growth in Rural India [J].

Agricultural Economics, 2010, 39 (2): 163 – 170.

[97] Grier. K, Tullock. G. An empirical analysis of cross-national economic growth, 1951—1980 [J]. Journal of monetary economics, 1989 (24): 259 – 276.

[98] Heerink N, Kuiper M, Shi X. China's new rural income support policy: impacts on grain production and rural income inequality [J]. China and World Economy, 2006, 14 (6): 58 – 69.

[99] J. Huang and S. Rozelle. Plant Biotechnology In China [J]. Science, 2002, 295 (5).

[100] J Huang, S Rozelle and W Rosegrant. China's Food Economy to the Twenty-first Century: Supply, Demand, and Trade [J]. Economic Development and Cultural Change, 1999, 47 (4): 737 – 766.

[101] Jitea, Ionel – Mugurel, Pocol, Christina Bianca. The Impact of the Common Agricultural Policy on Romanian Farming Structures. Who are the Winners and who are the Losers? [R]. Budapest: European Association of Agricultural Economists, 2014.

[102] Justyna Góral, Jacek Kulawik. Problem of Capitalisation of Subsidies in Agriculture [J]. Social Science Electronic Publishing, 2016 (10): 6 – 22.

[103] Kiminori Matsuyama. Comparative advantage of Ag-

ricultural Productivity and Economic growth [J]. Journal of Economic Theory, 1992 (10): 317 – 334.

[104] Kiminori Matsuyama. Agricultural Productivity, Comparative Advantage and Economic Growth [J]. Journal of Economic Theory, 1990, 58 (2).

[105] K. L. Robinson. The Impact of Government Price and Income Programs on Income Distribution in Agriculture [J]. Journal of Farm Economics, 1965, 47 (5): 1225 – 1234.

[106] Koester, Ulrich. CAP is something we can be proud of. Working paper, university of Kiel, 2000.

[107] Laptes, Ramona and Popa, Adriana Florina, Dobre, Florin. Research on the Evolution of Financial Audit in Romania – Past, Current and Future Trends [J]. Procedia Economics and Finance, 2014 (15): 807 – 814.

[108] Larry Karp. Income Distribution and the Allocation of Public Agricultural Investment in Developing Countries [R]. Background for 2007 World Development Report, 2007, NO. 43165.

[109] Lei Meng. Can grain subsidies impede rural-urban migration in hinterland China? Evidence from field surveys [J]. China Economic Review, 2012, 23 (3): 729 – 741.

[110] Leuthold, Raymond M. Government Payments and the Distribution of Income in Agriculture [J]. American Journal

of Agricultural Economics, 1969, 51 (5): 1520 – 1523.

[111] Luc Christiaensen, Lionel Demery and Jesper Kuhl. The evolving role of agriculture in poverty reduction—An empirical perspective [J]. Journal of Development Economics, 2011, 96 (2): 239 – 254.

[112] Masters, A. William. Government and agriculture in Zimbabwe [J]. The International Journal of African Historical Studies, 1994.

[113] Md. Shraif Hossain. Does government subsidy on agricultural sector cause agricultural development in Bangladesh? [J]. International Journal of business research, 2010, 10 (3): 44 – 53.

[114] Mumtaz Ali Baloch and Gopal Bahadur Thapa. The erect of agricultural extension services: Date farmers' case in Balochistan, Pakistan [J]. Journal of the Saudi Society of Agricultural Sciences, 2016 (5): 1035 – 1048.

[115] Olga Melyukhina. The Measurement of the Level of Support in Selected Non – DECD Countries. Paris, 2002 (5): 262 – 283.

[116] Pardey, Philip G. Research, productivity, and output growth in Chinese agriculture [J]. Journal of Development Economics, 1997, 59 (1): 115 – 137.

[117] Ramakumar R Large-scale Investments in Agricul-

ture in India [J]. IDS Bulletin, 2012, 43 (Supplement):
92 – 103.

[118] Richard Bird. Fiscal Reform and Rural Public Finance in China [R]. The World Bank, 2008.

[119] Roman Keeney. Decoupling and the WTO: Farm sector and household impacts in the United States [D]. Purdue University, 2005.

[120] Roy B. C. , Pal S. Investment, agricultural productivity and rural poverty in India: a state-level analysis [J]. Indian Journal of Agricultural Economics, 2002, 57 (4): 653 – 678.

[121] Sándor Fazekas. Standing at the Crossroads—the Future of a Strong Common Agricultural Policy is at Stake A la croisée des chemins-l'avenir d'une politique agricole commue forte est en jeu Am Scheideweg-die Zukunft einer Starken Gemeinsamen Agrarpolitik Steht [J]. Eurochoices, 2010 (3): 4 – 8.

[122] Shantayanan Devarajan, Vinaya Swaroop, Heng-fu Zou. The composition of public expenditure and economic growth [J]. CEMA Working Papers, 1996, 37 (2): 313 – 344.

[123] Shenggen Fan and Xiaobo Zhang. Infrastructure and regional economic development in rural China [J]. China Economic Review, 2004, 15 (2): 203 – 214.

［124］ Soyder, A. , Eiling, H. Targeting A Company's Real Core Competences. Journal of Business Strategy, 1992, 13 (6).

［125］ S. Sieber, T. S. Amjath – Babu and T. Jansson, K. Müller, K. Tscherning, F. Graef, D. Poh1e, K. Helming, B. Rudloff, B. S. Saravia – Matus, S. Gomez y Paloma. Sustainability impact assessment using integrated meta-modelling: Simulating the reduction of direct support under the EU common agricultural policy (CAP)［J］. Land Use Policy, 2013 (1): 235 – 245.

［126］ Theodore W. Schultz. Changing Relevance of Agricultural Economics ［J］. Journal of Farm Economics, 1964, 46 (5): 1004 – 1014.

［127］ WilfridLegg. Green Growth Strategies Agriculture in OECD Countries ［M］. Springer International Publishing, 2017 (6): 55 – 70.

［128］ Yongyang Cai, Alla A. Golub and Thomas W. Hertel. Agricultural research spending must increase in light of future uncertainty ［J］. Food Policy, 2017 (6): 71 – 83.

［129］ Yu. W, Jensen. H. G. China's agricultural policy transition: Impacts of recent reforms and future scenarios ［J］. Journal of Agriculture Economics, 2009, 61 (1): 1 – 26.